保育士等キャリアアップ研修テキスト

保護者支援・子育て支援

第2版

監修 秋田喜代美・馬場耕一郎
編集 矢萩恭子

中央法規

監修のことば

本テキストは、平成 29 年 4 月に厚生労働省から出された通知「保育士等キャリアアップ研修の実施について」（平成 29 年 4 月 1 日雇児保発 0401 第 1 号）により保育士等キャリアアップ研修を実施していただくにあたり、そのガイドラインの理念や考え方に基づき作成されたテキストになります。平成 28 年 12 月に保育士のキャリアパスに係る研修体系等の構築に関する調査研究協力者会議から出されました「調査研究協力者会議における議論の最終取りまとめ：保育士のキャリアパスに係る研修体系等の構築について」にその考え方は書かれています。

キャリアアップ研修のねらいは、保育士等がキャリアパスを見通し、保育所においてリーダー的職員を育成することにあります。つまり、保育所においてすでに一定以上の実践経験をおもちで、ミドルリーダーやリーダーとしての意識をもち、保育所の保育の質向上、職員の資質向上のキーパーソンとなる方、なろうとする方のための研修になります。したがって、テキストにおいても、これから保育士になっていかれる養成校でのテキストとは差別化を図っています。

第一には、基礎的な知識を伝達しスキルを習得することで、現場に行って教えてもらえばできるという段階の基礎知識のテキストではなく、そのような基本的な考え方や概念をもとにしながらも、「最新の動向を知る」ことや、基本の上により深くその知識を自らの保育所の実践とつなげて意味づけ考えることができるためのテキストを企画段階で目指したものであるということです。保育士等の専門性は多様な事例を知ることによって、判断に基づく行動ができることにあります。したがってその「事例知識」を各園の実情を踏まえて共有できるテキストにするということが求められます。

第二には、リーダーは、自分で実践ができるというだけではなく、これまでの経験を踏まえて「この分野なら私が専門的にわかる」という得意や専門分野をもち、責任をもってほかの保育士等を指導・助言できたり、組織、保育所全体をリードできるための実践的知識を伝えられるようにするということがあります。「議論の最終取りまとめ」においても「研修の実施にあたっては、講義形式のほか、演習やグループ討議等を組み合わせることにより、より円滑かつ主体的に受講者が知識や技能を修得できる。効果的な演習やグループ討議を行うため、各園の創意工夫や課題を持ち寄って、自園の保育内容と関連付けた研修内容とすること等が考えられる」と述べられています。つまり、自らの経験をなんとなくわかっているだけではなく、説明できたり、そのポイントを意識化し言語化できることが大事になっています。

そこで、本テキストは、皆さんの経験や知識を書き込むことで完成するマイ・テキスト、各園の実情と研修を一緒に受けた人たちとの事例をもとにして初めてできあがる私たちの（Our）テキストという、ワークブック的な演習課題を入れたテキストとなっています。皆さんが受講した研修の軌跡を通して語り合ったり考えたことの道筋をたどり、完成させ創り出すものとなっています。同時に、この考え方や知識だけは核にしながら考えてほしいということだけが記載されています。それに肉づけをするのは、研修に参加する皆さんとその場での講師の自律性にゆだねられる余地をつくっています。

第三には、本分野の研修を受けた後で振り返ったときに、こんなことを学んだよと自身の所属する保育所に持ち帰っていただくと同時に、ほかの保育士等とともに振り返ることができる、対話のきっかけとなる研修のアイデアになることも、テキストのなかに書き込まれることを願っています。

現在、「主体的・対話的で深い学び」が子どもたちに求められていますが、それは保育士自身も経験することが大切です。マイ・テキストとなったテキストを持ち帰り、それが一つのきっかけになって園内研修の一つの窓になる、自園だけではなく、他園から学ぶ事例もあるということが可能になるように企画をしました。

ですから、研修に参加して終わりではなく、学んだことが保育所で実際に共有され活かされることで、保育の質の向上が図られることを願っています。どの保育所でも、現状認識の把握から始まり、当該分野に関してよりよい知恵を皆が共有でき、保育所において次のよりよい保育を創ろうとすることが、真にリーダーがリーダーとしてのはたらきをすることにつながると考えます。

本テキストは、皆さんが主人公、そして出会った講師や研修をともに受ける人との得がたい経験が埋まって初めてつくられるテキストです。教科書というイメージとは異なりますが、誰もがどこでも使えることで、保育所の学びの軌跡となることを監修者として願っています。

秋田喜代美
馬場耕一郎

はじめに

「子育て支援」という言葉は、1990（平成２）年のいわゆる「1.57ショック」を契機として、国の少子化対策が始まったときに登場しましたが、少子高齢化の流れはとどまることなく、わが国は、世界最高水準の老年人口と世界最低水準の年少人口を抱える国となっています。

その後、1999（平成11）年改定の保育所保育指針で、保育所が、地域における子育て支援という社会的役割を担う必要性が明記され、さらに、2015（平成27）年４月施行の子ども・子育て支援新制度では、地域のすべての子育て家庭への支援を基本とした「子育て支援」の充実が図られました。2017（平成29）年３月告示の保育所保育指針では、2008（平成20）年版指針の「第６章　保護者に対する支援」が、「第４章　子育て支援」となり、保育所を利用している保護者、地域の保護者等いずれに対しても、保育所の特性、保育士等の専門性を活かして“地域に開かれた子育て支援”を推進することが謳われています。

本巻では、子どもや子育てをめぐる社会状況の変化を背景として、すべての子どもの健やかな育ちを実現するため、その幸せと命の“泉”となり、“防波堤”となる保育所や保育士等の専門性について著しました。第１章では、現行の保育所保育指針に基づいて、保護者支援・子育て支援の意義と基本原則を確認します。第２章では、保護者に対する相談援助に関する理論とその展開過程について、具体的に学びます。第３章では、“地域に開かれた”社会資源としての保育所の役割をあらためて考えていきます。第４章では、児童虐待の予防について、子どもの“人権”という視点から、保育所および保育士等が果たすべき役割を振り返ります。第５章では、子育て支援のみならず、保育所保育全体を通じて求められる関係機関、専門機関などの社会資源、地域資源等との連携・協働のあり方について考えます。

このたび、法令等の改正に伴い、若干の改訂を行っていますが、ミドルリーダーとして、あらためて自らの役割を意識し、園の具体的な体制と方法を構築していきましょう。

矢萩恭子

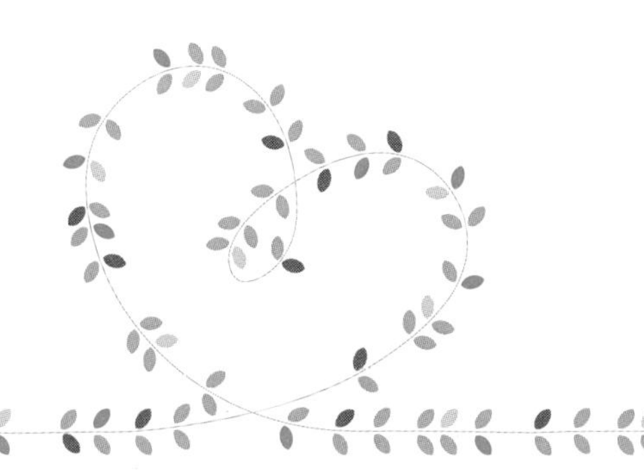

受講にあたって

■本書の使い方

本書は「保育士等キャリアアップ研修の実施について」（平成29年4月1日雇児保発0401第1号）に定められた「保育士等キャリアアップ研修ガイドライン」の「分野別リーダー研修の内容」に準拠しています。

表 分野別リーダー研修の内容

分野	ねらい	内容	具体的な研修内容（例）
保護者支援・子育て支援	・ 保護者支援・子育て支援に関する理解を深め、適切な支援を行うことができる力を養い、他の保育士等に保護者支援・子育て支援に関する適切な助言及び指導ができるよう、実践的な能力を身に付ける。	○保護者支援・子育て支援の意義	・保護者支援・子育て支援の役割と機能 ・保護者支援・子育て支援の現状と課題 ・保育所の特性を活かした支援 ・保護者の養育力の向上につながる支援
		○保護者に対する相談援助	・保護者に対する相談援助の方法と技術 ・保護者に対する相談援助の計画、記録及び評価
		○地域における子育て支援	・社会資源 ・地域の子育て家庭への支援 ・保護者支援における面接技法
		○虐待予防	・虐待の予防と対応等 ・虐待の事例分析
		○関係機関との連携、地域資源の活用	・保護者支援・子育て支援における専門職及び関係機関との連携 ・保護者支援・子育て支援における地域資源の活用 ・「子どもの貧困」に関する対応

都道府県が実施主体となって行われる同研修での受講に使いやすいよう、各節の始まりと終わりには演習課題を設け、単なる知識の習得に終わらずに、学んだ内容を受講生が持ち帰り、ほかの保育士等に説明・研修できることを目指しています。ですから、研修を受講して終わりではなく、本テキストを「マイ・テキスト」として、園内研修等で活用してください。

①導入の演習	②講義	③まとめの演習

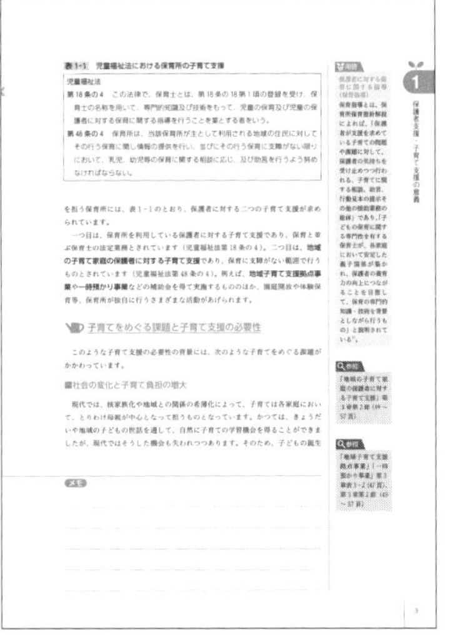

- 現在の自分の知識や保育所の現状を把握します
- ほかの受講生の保育所との違いを認識します

- 視点や知識を習得します
- リーダーとしての立ち位置、協働の仕方を学びます

- 学んだことを振り返り、自分のものにします
- 持ち帰って園内研修等で活用する演習も一部含まれます

■開催者の準備

あると便利なもの

- ホワイトボード
- 白紙、模造紙等（グループの数分）
- 付箋
- 保育所保育指針（解説）
- マーカー
- 実物投影機

■研修に持参していただく資料

各章の演習では、研修当日に受講生に持参していただく資料があります。本巻については以下のとおりです。

章・節	持ち物	備考
全章共通	あなたの勤務する保育所が行っている保護者支援・子育て支援に関する資料（例：事業計画・事業報告書類、相談記録等、事業内容やイベント等の案内、チラシ、スケジュール表、一時預かりや園外保育の案内、園だより、掲示物、活動の様子の写真など）	持ち出し資料については施設長の許可を得てください

■凡例

本書は原則的に、以下のとおり用語の統一をしています。

- 保育所、園、保育園 ➡ 保育所
- 保育者、保育士、保育士等 ➡ 保育士等

CONTENTS

第1章

保護者支援・子育て支援の意義

第1節 保護者に対する子育て支援の機能と役割

この節のねらい

- 保護者に対する子育て支援の必要性やその意義がわかり、ほかの職員に説明できる
- 保護者に対する子育て支援の理念がわかり、実践に活かすことができる
- 保護者に対する子育て支援における保育士等の役割や機能がわかり、ほかの職員に説明できる

演習1 入所児童の保護者には、どのような養育上の問題や課題がみられますか？　思いつくものをリストアップしてみましょう。

演習2 演習1であげた課題に対応するために、（保育士として、あるいは保育所全体として）どのような支援を行っていますか？

保育所における二つの子育て支援

1990年代以降、少子化を背景とした子育て支援施策が推進されており、現在ではさまざまな分野において多様な取組みが展開されています。その中心的役割

メモ

表 1-1　児童福祉法における保育所の子育て支援

児童福祉法
第 18 条の 4　この法律で、保育士とは、第 18 条の 18 第 1 項の登録を受け、保育士の名称を用いて、専門的知識及び技術をもって、児童の保育及び児童の保護者に対する保育に関する指導を行うことを業とする者をいう。
第 48 条の 4　保育所は、当該保育所が主として利用される地域の住民に対してその行う保育に関し情報の提供を行い、並びにその行う保育に支障がない限りにおいて、乳児、幼児等の保育に関する相談に応じ、及び助言を行うよう努めなければならない。

を担う保育所には、表 1－1 のとおり、保護者に対する二つの子育て支援が求められています。

一つ目は、保育所を利用している保護者に対する子育て支援であり、保育と並ぶ保育士の法定業務とされています（児童福祉法第 18 条の 4）。二つ目は、**地域の子育て家庭の保護者に対する子育て支援**であり、保育に支障がない範囲で行うものとされています（児童福祉法第 48 条の 4）。例えば、**地域子育て支援拠点事業**や**一時預かり事業**などの補助金を得て実施するもののほか、園庭開放や体験保育等、保育所が独自に行うさまざまな活動があげられます。

子育てをめぐる課題と子育て支援の必要性

このような子育て支援の必要性の背景には、次のような子育てをめぐる課題がかかわっています。

■社会の変化と子育て負担の増大

現代では、核家族化や地域との関係の希薄化によって、子育ては各家庭において、とりわけ母親が中心となって担うものとなっています。かつては、きょうだいや地域の子どもの世話を通して、自然に子育ての学習機会を得ることができましたが、現代ではそうした機会も失われつつあります。そのため、子どもの誕生

メモ

用語

保護者に対する保育に関する指導（保育指導）

保育指導とは、保育所保育指針解説によれば、「保護者が支援を求めている子育ての問題や課題に対して、保護者の気持ちを受け止めつつ行われる、子育てに関する相談、助言、行動見本の提示その他の援助業務の総体」であり、「子どもの保育に関する専門性を有する保育士が、各家庭において安定した親子関係が築かれ、保護者の養育力の向上につながることを目指して、保育の専門的知識・技術を背景としながら行うもの」と説明されている[1]。

参照

「地域の子育て家庭の保護者に対する子育て支援」第 3 章第 2 節（49 ～ 57 頁）

参照

「地域子育て支援拠点事業」「一時預かり事業」第 3 章表 3－2（47 頁）、第 3 章第 2 節（49 ～ 57 頁）

以前に、乳幼児とかかわったことのない保護者も少なくありません。こうした状況は、**育児不安**の一因となっています。

このように、家族規模が縮小し、地域との関係も希薄化している現代においては、子育てを助けてくれる身近な存在も見つけにくく、母親に子育ての負担が集中しやすい状況があるのです。

■子育てをめぐる母親への圧力

日本における子育ては、性別役割分業意識のもとに、主に母親が中心的に担っています。しかし、子育て中の母親には、社会からの厳しいまなざしが向けられることも少なくありません。日本には「母親ならば自分を犠牲にしてでも子どもを優先すべき」といった母親規範意識や、「子どもが3歳になるまでは母親の手で育てるべき」という、いわゆる3歳児神話の考え方が根強く残っています。このような社会の認識も、母親にとって大きな重圧となっています。

■さまざまな養育課題と虐待発生のリスク

子育ての課題には、養育スキルの不足や育児不安といった保護者側の要因だけでなく、子ども側の要因、社会的要因、家族関係等、さまざまな側面がかかわっています。例えば、子どもの側の要因として障害児や未熟児等の育てにくさ、社会的要因として経済的困窮、親族や地域からの孤立等があげられます。これらの問題は、**虐待発生のリスク要因**となっています[3]。

保護者に対する子育て支援の理念

子どもの健全な育ちが保障されにくい現代においては、社会全体で子育てを支えていくことが必要となっています。

児童福祉法には、表1－2のとおり、子どもはその発達を保障される権利を有しており（第1条）、「子どもの最善の利益」が優先して考慮されるべきこと（第2条第1項）、そのために子育てに第一義的責任をもつ保護者（第2条第2項）とともに、国や地方公共団体がその責任を負うこと（第2条第3項）が明記されています。

用語

育児不安
子どもの姿や将来に対する漠然とした不安、自分の子育てに対する不安を感じること。育児不安は、①子どもの欲求が理解できないこと、②具体的心配事が多く、それが解決されないままとなっていること、③子どもとの接触経験・育児経験の不足、④夫の育児への参加・協力がないこと、⑤近所に話し相手がいないこと等がその要因と考えられる[2]。

参照

「虐待発生のリスク要因」第4章第1節（69頁）

補足説明

教育基本法第10条（家庭教育）にも、保護者が、子どもの教育に対する第一義的責任を有することが記されている。

メモ

表 1-2　児童福祉法における子どもの権利と養育責任

児童福祉法
第１条　全て児童は、児童の権利に関する条約の精神にのっとり、適切に養育されること、その生活を保障されること、愛され、保護されること、その心身の健やかな成長及び発達並びにその自立が図られることその他の福祉を等しく保障される権利を有する。
第２条　全て国民は、児童が良好な環境において生まれ、かつ、社会のあらゆる分野において、児童の年齢及び発達の程度に応じて、その意見が尊重され、その最善の利益が優先して考慮され、心身ともに健やかに育成されるよう努めなければならない。
②　児童の保護者は、児童を心身ともに健やかに育成することについて第一義的責任を負う。
③　国及び地方公共団体は、児童の保護者とともに、児童を心身ともに健やかに育成する責任を負う。

また、**「児童の権利に関する条約」**（以下、子どもの権利条約）では、子どもの発達にとって重要な親や家族の支援を通して、子どもの発達や権利を保障する必要性が示されています。つまり、保護者に対する子育て支援は「子どもの最善の利益」の確保を目指して行う取組みであり[4)]、保育士等には、保護者が適切に養育責任を果たせるよう支えていくことが求められています。

ただし、これは保護者に責任を押しつけたり、自己責任で子育てをするよう要請したりすることではありません。保護者に対する子育て支援は、保護者が子育ての主体として、子どもの最善の利益を考慮した適切な養育ができるようはたらきかけるものであることに留意が必要です。

用語
児童の権利に関する条約
子どもの基本的人権を国際的に保障するために定められた条約。1989年に国際連合総会において採択され、日本は1994年に批准している。

子育て支援における保育所の機能と役割

3 頁で述べたとおり、保育所を利用している保護者に対する子育て支援は、保育士の法定業務とされており、保育所保育指針「第１章　総則」には表 1－3 の

メモ

表 1-3　保育所保育指針第 1 章における子育て支援の位置づけ

保育所保育指針

第 1 章　総則

1　保育所保育に関する基本原則

(1)　保育所の役割

ウ　保育所は、入所する子どもを保育するとともに、家庭や地域の様々な社会資源との連携を図りながら、入所する子どもの保護者に対する支援及び地域の子育て家庭に対する支援等を行う役割を担うものである。

(2)　保育の目標

イ　保育所は、入所する子どもの保護者に対し、その意向を受け止め、子どもと保護者の安定した関係に配慮し、保育所の特性や保育士等の専門性を生かして、その援助に当たらなければならない。

(3)　保育の方法

カ　一人一人の保護者の状況やその意向を理解、受容し、それぞれの親子関係や家庭生活等に配慮しながら、様々な機会をとらえ、適切に援助すること。

ように示されています。

保育所における子育て支援は、保育所の特性や保育士等の専門性を活かして行うこととされています。その具体的内容として、保育所保育指針「第 4 章　子育て支援」の「2　保育所を利用している保護者に対する子育て支援」では、①保護者との相互理解、②保護者の状況に配慮した個別の支援、③不適切な養育等が疑われる家庭への支援が示されており、その範囲は多岐にわたっています。

特に、③には育児不安や虐待、子どもの障害、保護者自身の心身の障害、家族問題等、保育の専門性のみでは対応しきれないような多様な問題が含まれます。そのため、保育の専門性を基盤としつつも、場合によってはカウンセリングや**ソーシャルワーク**の知識・技術を活用しつつ、専門機関との連携を図ることが必要です。また、これらのケースにおいては、保育所全体での共通理解と連携のもとに、組織的に支援に取り組むことが重要です。

用語

ソーシャルワーク
「生活課題を抱える対象者と、対象者が必要とする社会資源との関係を調整しながら、対象者の課題解決や自立的な生活、自己実現、よりよく生きることの達成を支える一連の活動」をいう（厚生労働省「保育所保育指針解説書」(平成 20 年 4 月) 181 頁、「コラム：ソーシャルワークとは」より)。

メモ

まとめの演習

あなたの勤務する保育所には、保護者に対する子育て支援に関する目標として、どのようなものがありますか？　また、これから保育所全体で共有したい子育て支援の目標として、どのようなものが考えられますか？　現在の子育て支援の取組みの状況を踏まえて、考えてみましょう。

グループになり、上の演習であげた理念や目標を発表し、共有しましょう。

メモ

第2節 保護者に対する子育て支援の基本

この節のねらい

- 「子どもの最善の利益」の内容がわかり、ほかの職員に説明することができる
- 保護者に対する子育て支援の基本がわかり、実践に活かすことができる
- 保護者の養育力の向上に向けた子育て支援の方法がわかり、実践できる

演習 あなたが在園児の保護者や地域の保護者とかかわる際に重視していること、心がけていることはどのようなことですか？　また、それはなぜですか？

重視あるいは心がけていること	その理由

メモ

子どもの最善の利益の考慮

■子どもの最善の利益とは

前節で述べたとおり、保護者に対する子育て支援は、保護者へのはたらきかけを通して子どもの最善の利益を保障する取組みです。

「子どもの最善の利益」とは、子どもの権利条約第３条に規定される理念規定であり、子どもにかかわる専門職として、最も優先すべき価値であるといえます。子どもの最善の利益は、「子どもの生存、発達を最大限の範囲において確保するために、必要なニーズが最優先されること」であり[5]、ここでいう「利益」とは「当事者の本質的なあるいは個々の具体的なニーズ・欲求が満たされ、その生存、成長・発達、自己実現が有利に展開されること」を指しています[6]。

「全国保育士会倫理綱領」においても、「１．子どもの最善の利益の尊重」として、「私たちは、一人ひとりの子どもの最善の利益を第一に考え、保育を通してその福祉を積極的に増進するよう努めます」と謳われています。

子育て支援における子どもの最善の利益の考慮

子どもにとって何が「最善」であるのかは、そのおかれた状況によって一人ひとり異なります。そのため、子どもの権利条約においても、子どもの最善の利益の具体的内容は明示されておらず、一人ひとりの子どもの状況を踏まえて慎重に判断していく必要があります。

また、子どもの最善の利益は、それを判断する者の立場や価値観によっても異なります。保育士等が考える「最善」と保護者の考える「最善」は、必ずしも一致するとは限りません。保育士等とほかの専門職、あるいは園内の職員同士であっても、その判断が異なることもあります。そのため、保育士等には、多様な視点、中・長期的な観点から、子どもの最善の利益を検討することが求められます。その際、表１－４に示す事項を考慮することが大切です。

メモ

表 1-4　子育て支援における子どもの最善の利益を考慮するための視点

①子どもの年齢、性別、背景その他の特徴 ②子どもの確かめ得る意見と感情 ③子どもの身体的、心理的、教育的及び社会的ニーズ ④保護者の支援のために子どもに対してとられた決定の結果、子どもを支援することとなる者（保護者や保育士等の専門職など）が、子どものニーズを満たすことのできる可能性 ⑤保護者に対してとられた支援の結果、子どもの状況の変化が子どもに及ぼす影響

出典：網野武博「第Ⅱ部第２章第１節　子どもの最善の利益と福祉の重視」新保育士養成講座編纂委員会編『改訂２版新保育士養成講座第 10 巻　家庭支援論――家庭支援と保育相談支援』全国社会福祉協議会、152 頁、2015 年

保護者の養育力の向上

補足説明
従来の「保護者の養育力の向上」という表現は、保育所保育指針では幼保連携型認定こども園教育・保育要領との整合性が図られ、表1-5に示すとおり、「保護者及び地域が有する子育てを自ら実践する力の向上」へと表現が改められた。

保育所保育指針「第４章　子育て支援」では、保護者に対する子育て支援は、**保護者の養育力の向上**につながるように展開することとされています（表1－5）。これは、「子どもの最善の利益」に直結する子育て支援の重要な方向性です。

保護者の養育力の向上に向けた支援とは、一定の望ましい基準を設定し、保護者をそこに到達させるために保育士等が指導を行うようなものではありません。それぞれの保護者が、自分なりに力を発揮しながら子育ての力をつけていくことができるよう、一人ひとりに応じた支援を行うものであることに留意が必要です。

表 1-5　保育所保育指針第４章

保育所保育指針 　　第４章　子育て支援 　保育所における保護者に対する子育て支援は、全ての子どもの健やかな育ちを実現することができるよう、第１章及び第２章等の関連する事項を踏まえ、子どもの育ちを家庭と連携して支援していくとともに、保護者及び地域が有する子育てを自ら実践する力の向上に資するよう、次の事項に留意するものとする。

メモ

保育士等には、保護者が子育ての楽しさを感じられ、自信がもてるようはたらきかけていくことが求められます。

日常保育には、保護者の養育力の向上につながるさまざまな機会や場面、資源があります。例えば、送迎時や連絡帳を通した子どもの姿の伝達は保護者の子ども理解を助けます。また、おたより、掲示物、作品展示などは同年齢の子どもたちの育ちを知る手がかりとなり、相対的にわが子を見る視点を提供します。さらに、保育参加や保育参観は、直接的な子育ての学習の機会となります。保護者の養育力の向上に向けて、これらを意識的に活用していくことが大切です。

受容と自己決定の尊重

保育所保育指針では、子育て支援の基本姿勢として、**受容**や**自己決定**の尊重が明記されています（表1－6）。

受容とは、弱さや望ましくない態度も、その人の現在のありのままの姿として受け止め理解することです。これは、保護者の不適切な行動等を無条件に肯定したり、要望を受け入れたりすることではありません。好ましくない保護者の言動や態度に対しては、否定的感情や抵抗感が生じやすくなります。そのため、相手を受容するためには、自分自身のもっている価値観や考え方の傾向、反応の仕方などを知っておくこと（**自己覚知**）も大切です。

また、自己決定の尊重とは、保護者が自分で判断し決定する権利を尊重するこ

参照
「バイステックの7原則」第2章第1節（24頁）

参照
「自己覚知」第3章第3節（62頁）

表1-6　保育所保育指針第4章における受容と自己決定の尊重

保育所保育指針

第4章　子育て支援

1　保育所における子育て支援に関する基本的事項

(1)　保育所の特性を生かした子育て支援

ア　保護者に対する子育て支援を行う際には、各地域や家庭の実態等を踏まえるとともに、保護者の気持ちを受け止め、相互の信頼関係を基本に、保護者の自己決定を尊重すること。

メモ

とであり、保護者の主体性を重視する姿勢です。そのためには、保護者を自ら判断する能力を有する存在としてとらえ、保護者がもっている力を信じることが必要となります。自己決定の尊重は、自己判断を迫ったり、子育ての責任を保護者に押しつけたりすることではないことに留意しましょう。

自己決定を支えるための保育士等の役割として、①保護者とともに問題を整理すること、②保護者が自分自身のもつ力も含めて、さまざまな資源を活用できるよう情報を提供すること、③保護者の選択や判断を支持することがあげられます[7)]。

秘密保持とプライバシーの保護

■保育士等の秘密保持義務

表 1 - 7 に示すとおり、保育士には秘密保持義務があり、これに違反した場合には児童福祉法第 61 条の 2 において罰則が定められています。また、保育士以外の職員にも、児童福祉施設の設備及び運営に関する基準において秘密保持義務が規定されています。子どもやその家族に関する情報の取扱いについては十分に留意するとともに、全職員でそのルールを共有することが大切です。

表 1-7　保育士等の秘密保持義務

児童福祉法

第 18 条の 22　保育士は、正当な理由がなく、その業務に関して知り得た人の秘密を漏らしてはならない。保育士でなくなった後においても、同様とする。

児童福祉施設の設備及び運営に関する基準

第 14 条の 2　児童福祉施設の職員は、正当な理由がなく、その業務上知り得た利用者又はその家族の秘密を漏らしてはならない。

メモ

■虐待通告義務の優先

子どもが虐待を受けている場合等、秘密保持を行うことが子どもの利益を損なう場合には、秘密保持よりも**通告義務**を優先しなければなりません。この場合には、児童福祉法第25条および児童虐待の防止等に関する法律（児童虐待防止法）第6条に規定されているとおり、秘密保持義務違反にはあたりません。

参照
「通告義務」第4章第1節(71頁)・第2節（79頁）

まとめの演習

あなたの勤務する保育所で、最もかかわりが難しいと感じるのは、どのような保護者ですか？

2人組になり、上の演習であげた保護者が、なぜそのような態度や言動を示すのか、「受容」の観点から考えてみましょう。

メモ

第3節　保育所の特性を活かした保護者に対する子育て支援

この節のねらい

- 保育所の特性がわかり、子育て支援に活かすことができる
- 保育士の専門性がわかり、子育て支援の実践に活用することができる
- 日常の保育における子育て支援の機能がわかり、ほかの職員に説明できる

演習1　あなたの勤務する保育所では、入所児童の保護者に対して、どのような支援を行っていますか？　持参した資料や写真をもとに、思いつく支援の内容をリストアップしてみましょう。

演習2　上の演習であげた取組みの内容をグループ内で発表し、共有しましょう。

保育所の特性を活かした子育て支援

保護者に対する子育て支援は、保育所保育指針「第1章　総則」において、保育所の特性や保育士等の専門性を活かして行うこととされています（表1－8）。

メモ

表 1-8　保育所保育指針第 1 章における子育て支援の基本原則

保育所保育指針 　　第 1 章　総則 1　保育所保育に関する基本原則 　(2)　保育の目標 　　イ　保育所は、入所する子どもの保護者に対し、その意向を受け止め、子どもと保護者の安定した関係に配慮し、保育所の特性や保育士等の専門性を生かして、その援助に当たらなければならない。

表 1-9　保育所の特性

①日々の保育を通して、保護者との継続的・長期的なかかわりがある
②保育士・看護師・栄養士等のさまざまな専門職が配置されている
③さまざまな年齢の子ども集団が存在する
④子どもの発達に適した保育環境がある
⑤公的施設としてさまざまな社会資源との連携が可能である

出典：厚生労働省「保育所保育指針解説」（平成 30 年 2 月）345・346 頁より作成

保育所の特性として、表 1－9 に示す内容をあげることができます。

保育所は任意の利用施設や専門機関とは異なり、子どもが日々通ってくる通所施設です。そこには表 1－9 ②～④のとおり各種専門職が配置され、さまざまな年齢の子どもたちが発達に即した環境で生活しています。保護者にとって、保育士等は最も身近な専門職であり、気軽に子育ての相談ができる存在です。日々展開される保育実践や発達に即した安全で保健的な環境は、子育てのモデルとなり、保護者の養育力の向上につながります。

しかし、これらが子育て支援として機能するためには、保育の質が確保されていなければなりません。したがって、保育所の特性を活かした子育て支援は、日常の保育と一体となって展開されることから、保育そのものの質の向上も欠かすことができません。

メモ

子育て支援における保育士の専門性の活用

保育士の専門性として、保育所保育指針解説には、表1-10に示す六つの知識・技術が示されています。これらのうち、①②は保育所保育の目的の遂行に直接かかわる技術（目的的技術）であるのに対して、③④⑤は、その手段に関する技術（手段的技術）です[8)]。さらに、それぞれには、保育士が子どもに意図的にはたらきかけるための技術（発信型技術）と、子どもの欲求や思い、心身の状態を的確に把握する技術（受信型技術）があります[9)]。

これらの専門性の多くは子どもを対象としていますが、子育て支援の対象は大人です。したがって、これらを直接的に保護者に用いるというよりも、大人である保護者を支援するための⑥の援助技術と組み合わせながら、一人ひとりの保護者に合わせて適切に活用していくことが求められます。

表1-10　保育所における保育士の専門性

①発達援助の知識・技術	これからの社会に求められる資質を踏まえながら、乳幼児期の子どもの発達に関する専門的知識を基に子どもの育ちを見通し、一人ひとりの子どもの発達を援助する知識および技術
②生活援助の知識・技術	子どもの発達過程や意欲を踏まえ、子ども自らが生活していく力を細やかに助ける生活援助の知識および技術
③環境構成の知識・技術	保育所内外の空間やさまざまな設備、遊具、素材等の物的環境、自然環境や人的環境を活かし、保育の環境を構成していく知識および技術
④遊びを豊かに展開する知識・技術	子どもの経験や興味や関心に応じて、さまざまな遊びを豊かに展開していくための知識および技術
⑤関係構築の知識・技術	子ども同士のかかわりや子どもと保護者のかかわりなどを見守り、その気持ちに寄り添いながら適宜必要な援助をしていく関係構築の知識および技術
⑥保護者に対する相談・助言の知識・技術	保護者等への相談、助言に関する知識および技術

出典：厚生労働省「保育所保育指針解説」（平成30年2月）17頁より作成

メモ

日常の保育を活用した子育て支援

日常の保育には、子育て支援に活用できるさまざまな場面や機会、手段があります。例えば、朝夕の送迎時、子どもの行事、保育参加、保育参観、保護者会、個別面談、連絡帳、おたより、掲示物、園内外の環境構成等があげられます。保護者が子どもとの安定した親子関係を築き、養育力を向上させていくためには、子ども理解を深めることが重要です。そのためには、これらのさまざまな場面や機会をとらえて、子どもの姿を丁寧に伝えていく必要があります。

保育士等はその専門性から、子どもの心身の状態を的確に把握することができ、多様な子どもとのかかわりから、相対的に子どもの育ちを見通すことができます。このような子どもの発達の姿は、保育の専門性をもたない保護者には、気づきにくい側面もあります。そのため、保育士等が読み取った子どもの姿を、保護者の目に見える形で伝えていくことが大切です。

このような伝達は、送迎時を中心としつつ、さまざまな方法を組み合わせて行うことが大切です。送迎時の対応は保育と並行して行われるために、十分な時間を確保することは容易ではありません。また、保育士等の交代勤務や祖父母等の送迎により、必ずしもすべての保護者と送迎時にかかわりがもてるわけではありません。さらに、対面でのコミュニケーションが苦手な保護者にとっては、日々のやりとりが精神的負担となることもあります。

このように、さまざまな保護者がいることを踏まえ、連絡帳、連絡ボード、おたより、掲示物、**ポートフォリオ**等の文書や、保育参加、保育参観等の行事等、さまざまな場面や機会を活用することが大切です。

これらの取組みにおいては、第2節に示した子育て支援の基本を十分に踏まえておく必要があります。もし、保育の専門知識を根拠に保護者の至らない点を指摘すれば、保護者は親としての自信を失い、子育ての喜びを感じられなくなるでしょう。保護者にとって保育士等は子どもの専門家であり、その言動やはたらきかけが保護者に大きな影響を与えるものであることに留意が必要です。

用語

ポートフォリオ
子どもの育ちや保育に関する記録をひとまとめにしたもの。ポートフォリオには、子どもの個人記録をまとめたもの、行事や特定の活動をまとめたもの、子どもの作品やその写真記録等をまとめたもの等、さまざまな種類がある。

メモ

まとめの演習

あなたの勤務する保育所には、保護者支援や子育て支援を実践するために、どのような資源がありますか？　その具体的な内容を、以下の表に書き出してみましょう。

①人材	
②施設・設備	
③保育実践	
④資金（または予算）	
⑤その他（ネットワーク、情報、HP 等）	

メモ

これらの資源を活用して、今後、どのような子育て支援を行うことが可能でしょうか？　①入所児童の保護者に対する子育て支援、②地域の在宅子育て家庭に対する子育て支援のそれぞれについて、具体案を考えてみましょう。

①入所児童の保護者に対する子育て支援	実現可能性

②地域の在宅子育て家庭に対する子育て支援	実現可能性

上の演習であげた取組みの内容をグループ内で発表し合い、すぐに自園で取り入れられそうな内容には◎、将来的に実施を検討してみたい内容には○を、「実現可能性」の欄に記入しましょう。

メモ

<引用文献>

1）厚生労働省「保育所保育指針解説」（平成 30 年 2 月）、342 頁
2）原田正文『子育ての変貌と次世代育成支援―兵庫レポートにみる子育て現場と子ども虐待―』名古屋大学出版会、184 〜 191 頁、2006 年
3）厚生労働省雇用均等・児童家庭局総務課「子ども虐待対応の手引き（平成 25 年 8 月改正版）」
4）亀﨑美沙子『保育の専門性を生かした子育て支援――「子どもの最善の利益」をめざして』わかば社、25 頁、2018 年
5）網野武博『児童福祉学――<子ども主体>への学際的アプローチ』中央法規出版、78 頁、2002 年
6）網野武博「第 3 章 子どもの最善の利益」『保育所保育指針解説 保育を創る 8 つのキーワード 平成 20 年改訂』フレーベル館、68 〜 69 頁、2008 年
7）橋本真紀「第 2 章 保育相談支援の基本」柏女霊峰・橋本真紀編著『新・プリマーズ／保育 保育相談支援』ミネルヴァ書房、32 〜 33 頁、2011 年
8）橋本真紀「第 2 部第 2 章 保育相談支援の展開過程と基本的技術」柏女霊峰・橋本真紀『保育者の保護者支援――保育相談支援の原理と技術 増補版』フレーベル館、192 頁、2010 年
9）同上、同頁

<おすすめの書籍>

亀﨑美沙子『保育の専門性を生かした子育て支援――「子どもの最善の利益」をめざして』わかば社、2018 年
橋本真紀・柏女霊峰編著『新・プリマーズ／保育 保育相談支援 第 2 版』ミネルヴァ書房、2016 年
柏女霊峰・橋本真紀『保育者の保護者支援――保育相談支援の原理と技術 増補版』フレーベル館、2010 年
高山静子『保育者の関わりの理論と実践――教育と福祉の専門職として』エイデル研究所、2019 年

メモ

第2章

保護者に対する相談援助

第1節 保護者に対する相談援助の方法と技術

この節のねらい

・相談援助の基本がわかり、ほかの職員に説明できる
・相談援助における保護者への態度を理解する
・相談援助における面接技術を理解する

下の事例を読んで、あなたが佐藤さんと日々かかわる際に、何を意識してかかわるかを考えてみましょう。

同様に下の事例から、あなたが佐藤さんと面談する際に、どのような姿勢で臨むかを周りの人と話し合ってみましょう。

事例

佐藤太郎さん（以下、佐藤さん）は、A保育園に子どもの一郎くん（2歳1か月）を、生後6か月から通わせています。送迎は妻の花子さんと二人で分担し、二人とも送迎時は担任保育士（以下、担任）とよく話をしていました。この2、3週間、夫婦ともに疲れた様子がみられたので、担任が声をか

メモ

けますが、二人とも「大丈夫です」と返すだけでした。その後、送迎は佐藤さんだけとなりました。担任は佐藤さんに声をかけますが、何も答えず担任を避けているようでした。園長、主任保育士（以下、主任）も担任とともにこまめに声をかけ、見守っていますが……。

○佐藤さんは、疲れた様子で、表情が暗く、ほぼ毎日同じ服を着ている。目は充血し、髪はボサボサのことが多い。連絡帳には「よろしくお願いします」とだけ記入している。あいさつをしても、ほとんど目を合わせてくれない。

○一郎くんは、朝、顔が汚れており、時々、臭いが気になる。オムツかぶれがよくならない。食事をガツガツ食べるのが気になる。

会議の結果、佐藤さんと面談することになりました。

相談援助とは

相談援助は、図2-1のように、何らかの生活上の問題を抱える人に対して、支援者がその人に助言・指導したり（図中の②）、その人が必要とする社会資源との関係を調整したり（同①）、また、**社会資源**が効果的に機能できるように連携したりして（同③）、その人自身が問題解決に主体的に取り組めるように支え

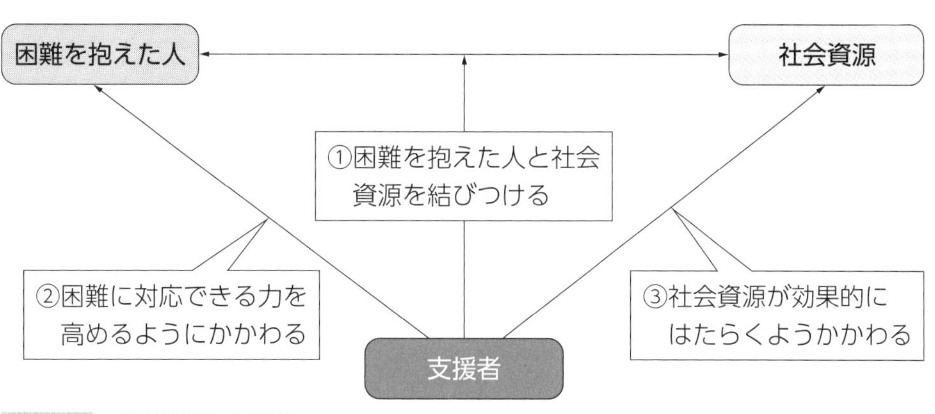

図 2-1　相談援助の構造

用語

社会資源
利用者が、ニーズを充足したり、問題を解決したりするために活用される施設、備品、サービス、資金、制度、情報、知識・技能、人材などの総称である。

メモ

る一連の活動をいいます。

生活上の問題とは、孤立、病気や障害、貧困、失業、家族不和などがあげられます。これらの問題は、育児不安や不適切な養育の可能性を高くします。これらの解決には保育所だけで対応できませんので、さまざまな社会資源の利用が必要です。そのため、保育士等にはある程度の相談援助の知識や技術が求められます。

佐藤さんの事例では、妻の花子さんの姿がみられなくなり、父子の様子に変化があったわけですが、それは離婚なのか、花子さんの病気なのか、誰かの介護なのか、さまざまなことが考えられます。いずれにせよ、親子を支えるために保育所の対応はもちろん、加えて何らかの社会資源を利用できるように、それらの紹介や仲介をし、保育所と社会資源が連携する必要があるかもしれません。

相談援助における態度

保育士等は、効果的な支援のために保護者との信頼関係を築く必要があります。そのために必要な態度として、**バイステックの7原則**があげられます。それは、①個別化、②意図的な感情表出、③統制された情緒的関与、④**受容**、⑤非審判的態度、⑥**自己決定**、⑦**秘密保持**の7項目です。

用語

バイステックの7原則

アメリカの社会福祉学者のバイステックの示した、対人援助にかかわる援助者の行動規範である。「保育所保育指針」にもその一部が反映されている。なお、受容と自己決定、秘密保持については、第1章第2節（11～12頁）を参照。

■個別化

佐藤さんの事例を読み、どのように感じたでしょうか。何らかの問題を抱えていると推察されるのですが、「**ネグレクト**かもしれないケース」ととらえたでしょうか。個別化の原則は、「○○のケース」というとらえ方ではなく、一人ひとりがそれぞれの人格や生活歴をもつ「○○さん」としてとらえることを意味します。問題に直面しているのはあくまで個人（佐藤さんや一郎くん）であり、ある層や群ではないのです。そのため、支援の方法も一人ひとりに合わせて行われる必要があります。つまり、保護者は不特定多数の一人ではなく、特定の一人の人として対応されるべきであるという原則です。

参照

「ネグレクト」第4章第1節（69頁）・第2節（79～81頁）

■意図的な感情表出

私たちが問題を抱えるとき、それに対する感情を表すことは、解決に向かう原

メモ

動力となります。この原則は、保護者が自らの感情を気がねなく、自由に表現できるように、意図的に保育士等がかかわることを意味します。

そのために、保育士等は保護者の感情にも焦点を当て、しっかり聴くことが大切です。佐藤さんの事例では、これから面談を行いますが、佐藤さんの疲れた様子から、佐藤さんが弱音を言ったり、悲しみや怒りを表したりするかもしれません。その際、保育士等には、これらの否定的感情を否定しないことが求められます。さらに、表情などの非言語的な部分にも関心を払い、保護者の感情を読み取ることが必要です。

■統制された情緒的関与

佐藤さんが悲しみや怒りなどの否定的感情を表したら、どのように対応しますか。この原則は、保育士等が保護者から否定的な感情をぶつけられるとき、保護者の感情にのみ込まれないよう、落ち着いて保護者の感情に対応することを意味します。つまり、保育士等は保護者の感情を理解するとともに、保育士等自身の感情を自覚することで、その感情に適切に反応することが求められます。

そのために保育士等には、自分がどのような考えを大切にし、どのような考え方をよくないと思っているのか、ある状況でどのような感情を抱くのかなどを振り返り、自分自身をよく知ることが求められます。

■非審判的態度

この原則は、保育士等が保護者を裁いたり、保育士等自身の価値観を押しつけたりしないことを意味します。佐藤さんの事例では、佐藤さんは一郎くんを十分に養育できていない状況ですが、保育士等が「もっときちんと子育てするべき」「どうしてきちんと子育てできないのか」と一方的に責めてはいけません。問題を抱えた保護者は、保育士等から一方的な非難や叱責を受けたくないと思っています。保育士等から審判される恐れを保護者が感じているうちは、否定的な感情などを自由に表現できず問題解決に結びつきません。佐藤さんの状況を受け止め、なぜ今このような状況なのかを理解しようとすることが重要です。

しかし、例えば、子どもを殴るという逸脱した行動そのものを許容し、その行動の善悪を判断しないわけではありません。逸脱した行動の善悪を判断する必要

メモ

があっても、それは保護者の支援のために必要な判断であり、保護者を裁くために判断するのではないのです。

相談援助における面接技術

ここでは、基本的な面接技術である、質問技法、明確化技法、感情の反映技法を取り上げます。これらの技術は、保護者との信頼関係構築や情報収集のための手段となるものです。さて、以下は佐藤さんとの面談の一部です。

事例

【佐藤①】一郎といると、イライラすることがあって……。
【担任①】イライラすることがあると……。どのようなときにイライラするのですか？　差し支えなければお聞かせください。
【佐藤②】ええと……。ごはんのときですね。ごはんをなかなか食べてくれなくて……。
【担任②】ああ、ごはんのときですか。
【佐藤③】そうです。いすの上に立ったり、テーブルに這い出そうとして……ごはんの間、最初から最後までそんな感じなんです。どうしていいかわからなくて……。
【担任③】ごはんの間、ずっと動きまわっていて、どうしてよいかわからない？
【佐藤④】ええ、押さえつけられると一郎は嫌がるので、私はぐったりです。
（中略）
【佐藤⑤】ここ（保育所）に来て、先生やほかのお父さんやお母さんたちを見ていると、何かこう……。
【担任④】よければ、そのときの佐藤さんの気持ちをお聞かせください。
【佐藤⑥】何か、自分だけがうまくいっていないように思えて、情けなくて、とてもつらく感じます。
【担任⑤】とてもつらく感じるのですね。

メモ

■質問技法

質問技法は、情報収集の手段であり、相手を会話の波に乗せるためにも用います。「開いた質問」と「閉じた質問」の２種類があります。

開いた質問は、【佐藤①】の「イライラすることがあって」を受けて、【担任①】の「どのようなときにイライラするのですか？」のように、保護者の話をさらに深めて、情報を収集するために「いつ」「どこで」「誰が」「何を」「どのように」などを用いた質問形態です。つまり、次に説明する「閉じた質問」のような「はい」「いいえ」では回答できない質問で、具体的な内容を聞き出したいときに有効です。

注意点は、「なぜ（どうして）」を多用しないことです。理由は、①この質問は、質問される側が尋問のように責められていると感じるため、②この質問は、話を決定的に深め、質問される側が一人で考え込む可能性が高いためです。

もう一つの閉じた質問は、【担任③】の「どうしてよいかわからない？」のように、「はい」「いいえ」で答えられる質問です。この質問は、初対面の場合に相手の緊張をほぐすときや、事実関係を確かめて話題を絞り込むときに使用します。しかし、いつまでもこの質問ばかりでは、尋問のような雰囲気となり、話が深まりません。そのため、閉じた質問は、出会ったばかりの時期や事実確認が必要な場合に必要最小限にとどめ、基本的には、開かれた質問を使い、保護者に話してもらいながら、保育士等は丁寧に聴くことが求められます。

■明確化技法

明確化技法には、「はげまし」「言い換え」「要約」があります。

はげましは、相手の話を促すための技法で、「相づち」と「繰り返し」があります。相づちは、話を聴いていることを相手に伝える、身近で効果的な手段です。なぜなら、話を聴いていなければ相づちは打てないし、相づちを打つことで、相手の話に反論する意思のないことが伝わります。つまり、相づちは、基本的に肯定的な意味合いをもっているのです。そのため、【担任②】の「ああ」のように、適切かつ意図的に行うことが必要です。

繰り返しは、相手の発言の一部を繰り返す技法です。【担任①】の質問に、【佐

メモ

藤②】で「ごはんのとき」と答え、【担任②】で「ごはんのときですか」と繰り返しています。なお、担任は【担任②】で「食べてくれなくて」と繰り返すこともできますが、【担任①】では「どのようなとき」と質問したので、「ごはんのとき」を繰り返したわけです。

次の言い換えは、【佐藤③】の「いすの上に立ったり、テーブルに這い出そうとして……ごはんの間、最初から最後までそんな感じなんです」を、【担任③】の「ごはんの間、ずっと動きまわっていて」のように、保護者の話をわかりやすくして返す技法です。言い換えることで、保護者に自分が話した内容の確認、追加の説明や訂正の機会を提供します。

要約は、保護者の発言を的確にまとめて返す技法です。要約によって、保護者の考えをまとめ、内容を理解する手助けをすることができます。特に、保護者が混乱しているときや話が飛びそうになったときに効果的です。また、次の話題に行きたいときや、相談時間が終わりに近づいたときなど、一区切りつけたいタイミングで使用できます。その場合、「これまでの○○さんの話を整理すると」で始めて、要約するとよいでしょう。

■感情の反映技法

この技法は、保護者の感情に焦点を当て、接近するための技法です。保護者の感情を受け止め、対応することで、より共感的にかかわることができます。保護者の立場だと、自分の抱える問題に対する感情に向き合うほうが、気持ちを整理ができ、問題に向き合いやすくなるわけです。

この技法は、感情に焦点を当て、前述の質問技法や明確化技法を使用します。【佐藤⑤】の「先生やほかのお父さんやお母さんたちを見ていると、何かこう……」を受けて、【担任④】の「気持ちをお聞かせください」と開いた質問を使って、感情表現を促しています。それに対して【佐藤⑥】で「つらい」「情けない」と感情が表され、【担任⑤】の「とてもつらく感じるのですね」のように佐藤さんの感情表現を繰り返しています。

感情の反映技法では、さらに保護者の言語化されていない感情を、保護者の表情や話の文脈から読み取って言語化し共感的に返すことも求められます。そのため保育士等には、保護者の立場で、保護者の感情を読み解く力が必要になります。

メモ

これには得意不得意がありますが、大切なことは、保護者の感情への気づき、そして、感情表現を表す言葉を豊富にしておくことです。

まとめの演習

ペアになり佐藤さん役と担任役を決め、26 頁の佐藤さんと担任の面談を読み合い再現します。担任役はさらに質問などをし、情報を集めつつ【担任⑤】までつなげましょう。佐藤さん役は、自分なりに佐藤さんの立場をイメージして質問に答えましょう。

メモ

第2節 保護者に対する相談援助の展開過程

この節のねらい

- 相談援助の展開過程を理解する
- 相談援助における情報収集やそれに基づく支援計画の作成の方法について理解する
- 相談援助における記録の方法を理解する

下の事例を読み、この状況を受けて、さらにどのような情報が必要かを話し合いましょう。

同様に、佐藤さん親子の抱える困難は何かを話し合いましょう。

事例

主任と担任で佐藤さんと面談をしたところ、以下の状況がわかりました。

○自営業を営んでいたが3か月前に倒産した。次の仕事を探していたが、体調が悪くなり、病院での検査の結果、心臓疾患が判明した。医師からあま

メモ

り無理をしないようにと言われた。

○ストレスや不安を妻の花子さんに向けてしまい、夫婦仲は悪化し、花子さんは家出をした。その後離婚し、どこへ行ったのかもわからない。

○求職活動はうまくいかず、貯金を切り崩して生活しており、生活が苦しい。

○自分の実家や親戚には頼れない。

○子どものこと、育児や家事の仕方がよくわからない。

主任は佐藤さんをねぎらうとともに、「園でできることはしますので、ちょっとしたことでも結構です。声をかけてください」と伝えた。その後、職員全体で情報を共有するとともに、日々、佐藤さん親子を見守ったり、こまめに声をかけたりすることにした。

相談援助の展開過程

相談援助は、行き当たりばったりで行うものではありません。図2－2のように、一定のプロセスに沿って行います。ケースによって必要な期間は異なりますし、これらの段階が同時に進行する場合もあります。しかし、日常的な短時間での相談でも、このプロセスを意識する必要があります。

また、効果的な支援のためには記録が必要です。記録をすることで収集した情報を整理するとともに、それをもとに支援の見立てをし、計画を立て、支援の評価を実施することができます。以下、図2－2のプロセスに沿って説明していきます。

■①支援の開始（インテーク）

支援は、①保護者から相談を受けた場合、②家族・親族から相談を受けた場合、③保育士等が親子の変化に気づき、問題を把握した場合、④ほかの機関から委託された場合などに開始されます。佐藤さんの事例では、③に該当し、第1節の「花子さんの姿が見えない」「一郎くんの臭いが気になる」など、担任の気づき（問題の発見）から佐藤さんへの声かけや見守りをした場面がこれにあたります。

とはいえ、保護者がすぐに問題について語るとは限りません。なぜなら、保護

メモ

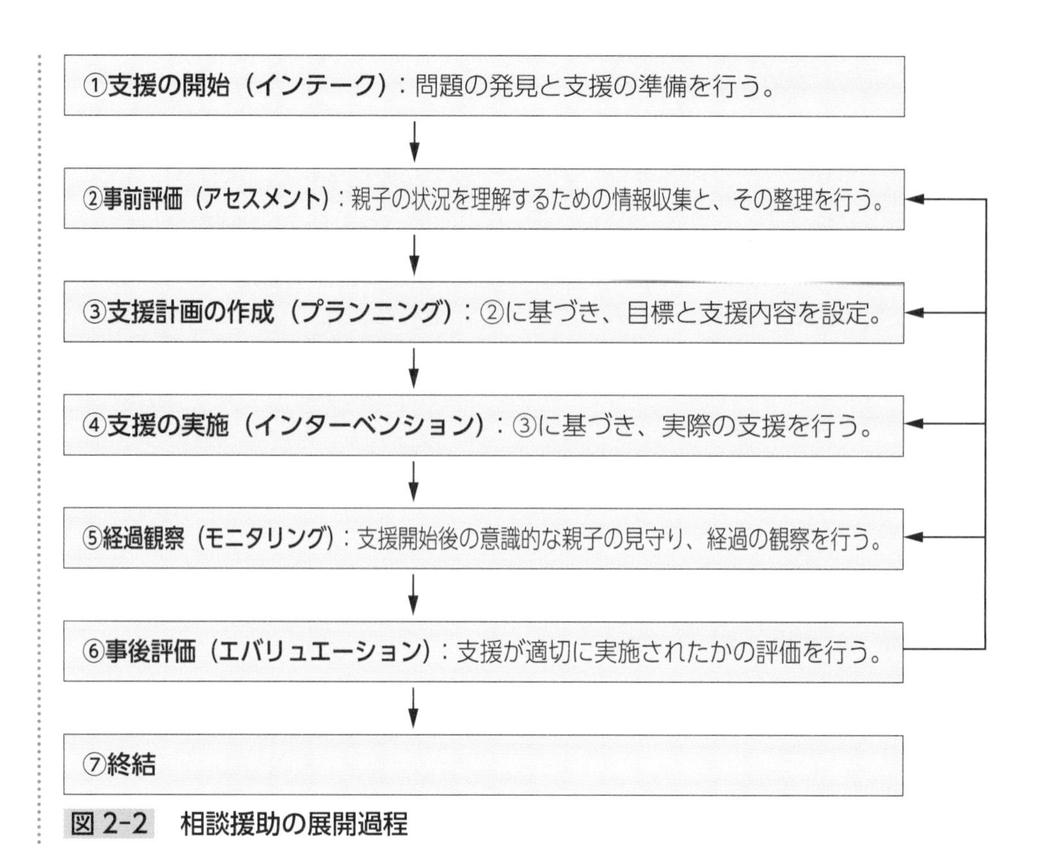

図 2-2　相談援助の展開過程

者は、自身が抱える問題そのものに対する不安と、その問題を他者に話すことに対する不安を抱いているからです。これらは、保育士等を避ける、拒否するなどの態度として現れることもあります。重要なのは、これらを理解し、こまめに声をかけるなどの丁寧なかかわりを通して、信頼関係を築くことです。

■②事前評価（アセスメント）

この段階では、親子の状況を理解するために必要な情報を集め、分析し、支援の見立てを行います。事例では、面談の実施や、その後の見守りが該当します。

情報収集は、親子の観察や面談などを通して実施します。収集する主な情報には、例えば、表 2－1 のように子どもの状況、家庭での養育の状況、家族の状況などがあげられます。記録の際は、表 2－1 のような情報収集シートや、図 2－3 のような**エコマップ**などを用いて図式化することによって、園内での共有だけで

用語

エコマップ

「生態地図」「社会関係地図」とも呼ばれる。親子を中心として、親子の周囲にあるさまざまな社会資源（家族・親戚、友人、近隣住民、教育機関、子育て支援にかかわる機関・施設、医療機関、職場など）との相関関係をネットワークとして表現した地図のことである。

メモ

表 2-1　情報収集シート（作成途中）

<table>
<tr><td colspan="2">子どもの氏名</td><td colspan="3">佐藤　一郎</td><td>保護者の氏名</td><td>佐藤　太郎</td></tr>
<tr><td colspan="2">住所</td><td colspan="3"></td><td>連絡先</td><td></td></tr>
<tr><td colspan="2">これまでの親子の状況・面談内容</td><td colspan="5"></td></tr>
<tr><td colspan="2">項　目</td><td>問題あり</td><td>気になる</td><td>問題なし</td><td colspan="2">具体的な状況</td></tr>
<tr><td rowspan="5">①子どもの状況</td><td>健康・発育</td><td></td><td></td><td>○</td><td colspan="2"></td></tr>
<tr><td>発達</td><td></td><td></td><td>○</td><td colspan="2"></td></tr>
<tr><td>基本的生活習慣</td><td></td><td>○</td><td></td><td colspan="2">食事をガツガツ食べる。</td></tr>
<tr><td>対人関係（保育者、他児との関係）</td><td></td><td></td><td>○</td><td colspan="2"></td></tr>
<tr><td>情緒</td><td></td><td></td><td>○</td><td colspan="2"></td></tr>
<tr><td rowspan="4">②家庭での養育の状況</td><td>親子関係（子どもの保護者への態度、保護者の子どもへの態度）</td><td></td><td>○</td><td></td><td colspan="2">子どもとのかかわり方がよくわからず戸惑っている。</td></tr>
<tr><td>生活リズム（食事・睡眠）</td><td></td><td>○</td><td></td><td colspan="2">日常的に朝食を食べていない。</td></tr>
<tr><td>衛生・保健・事故防止・監護</td><td></td><td>○</td><td></td><td colspan="2">朝、顔が汚れており、時々、臭いが気になる。
おむつかぶれがよくならない。</td></tr>
<tr><td>登園状況</td><td></td><td></td><td>○</td><td colspan="2"></td></tr>
<tr><td rowspan="5">③家族の状況</td><td>保護者の心身の状況</td><td>○</td><td></td><td></td><td colspan="2">佐藤さんは心臓疾患を患っている。</td></tr>
<tr><td>家族関係</td><td></td><td>○</td><td></td><td colspan="2">最近、妻（花子さん）と離婚。</td></tr>
<tr><td>社会関係（保育園との関係含む）</td><td></td><td>○</td><td></td><td colspan="2">職員を避けようとしていた。
周囲に親戚や知り合いがいない状況で孤立気味。</td></tr>
<tr><td>就労状況</td><td></td><td>○</td><td></td><td colspan="2">佐藤さんは無職で現在は求職活動中。</td></tr>
<tr><td>経済状況</td><td>○</td><td></td><td></td><td colspan="2">貯金を切り崩しながら生活をしており苦しい状況。</td></tr>
<tr><td colspan="2">上記を踏まえて、親子の抱える問題</td><td colspan="5"></td></tr>
</table>

資料：金子恵美『増補　保育所における家庭支援』全国社会福祉協議会、124 頁、2010 年の表をもとに作成。

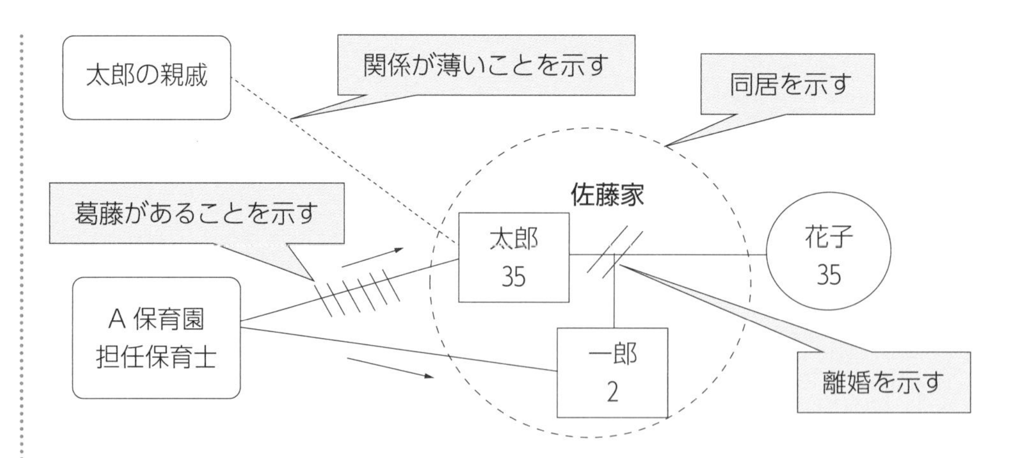

参照
「エコマップ」(32頁)

エコマップが示していること
・佐藤太郎さんと花子さんは離婚し、現在は太郎さんと一郎くんが同居している。
・佐藤さんは自分の親戚との交流がほとんどない。
・A 保育園の一郎くんの担任は、一郎くんへのかかわりに加え、佐藤さんにも声をかけるなどして、かかわろうとしている。しかし、佐藤さんは担任を避けようとしている。

図 2-3　佐藤さん親子のエコマップ（面接前後）

エコマップ作成法

① 真ん中に大きな点線の円を描き、そこに支援対象となる家族の家族図を書き入れる。男性は□印、女性は○印で表す（亡くなっている場合はそれぞれの印の中に×を記載する）。家族の年齢などは適宜書き込む。ただし、円の中は同居している家族に限り、離婚、別居、単身赴任などで同居していない家族成員は円外に記載する。図 2－3 に示すように、夫婦を横線で結び、その下に線を入れ、子どもを書き入れる。
② 家族の周囲に、この家族を取り巻く人、組織、サービスなどを四角印で書き、「太郎の親戚」「A 保育園」など、その名称を書きこむ。
③ 対象となる家族と②で記入したそれぞれの関連する人や組織などとの関係性を線で示す。実線は強い結びつき、破線は弱い結びつき、線路のような線は葛藤のある関係を表す。また、両者の関係で、資源やサポートの流れる方向を矢印で示す。

メモ

表 2-2　佐藤さん親子への個別の支援計画（作成途中）

問題	目標	具体的な支援内容（具体的行動）	役割分担
一郎くんの清潔が保たれていない。	清潔を保つ。	①必要に応じて園でシャワーを浴びたり、体を拭いたりする。	担任保育士
一郎くんの食欲が満たされない。	食事をしっかりとる。	①給食などを通して十分な食事の提供をする。	担任保育士
生活が苦しい。	経済的な安定を図る。	①生活保護の利用を勧め、福祉事務所を紹介する。あるいは、 ②……………	①園長、主任保育士
育児・家事のやり方が分からない・手伝いがほしい。	養育力の向上	①日々のかかわりのなかで佐藤さんの不安やストレスを受け止める。 ②子育てに関する具体的な助言を行う。 ③保育所の同じ年齢の子どものクラスを見学しながら、具体的な対応の仕方を伝える。	①園職員全体 ②担任保育士、主任保育士 ③担任保育士
孤立している。	子育てに関する社会資源とつながる。	①民生委員に見守りを依頼する。 ②この状況が長引けば、家庭児童相談室などにつなげる。	①②園長
体調がよくない。			

なく、他機関との情報共有にも役立てることができます。さらに、これらは、支援後にどのように変化したかを記載して支援する前の状態と比較することで、支援の評価にも利用することができます。

情報を収集したら、それらを整理し、親子の抱える困難が何かを明確にします。佐藤さんの事例での問題は、表 2－2 に示されるように「清潔が保たれていない」「生活が苦しい」などの状況です。

参照
「福祉事務所」「民生委員」「家庭児童相談室」第 3 章第 1 節（44 頁）

メモ

■③支援計画の作成（プランニング）

支援計画の作成では、事前評価で明らかになった親子の抱える問題に対する目標、すなわち、問題を解決するために何をすべきかを設定したものを定めます。例えば、「生活が苦しい」に対する目標は、「経済的な安定を図る」ことです。

そして、目標達成のための具体的な支援内容と役割分担を決めます。「経済的な安定を図る」目標に対しては、園長が「生活保護の利用を勧める、福祉事務所を紹介する」という支援内容などがあげられます。

作成した支援計画の内容については、職員間で共通理解する必要があります。

■④支援の実施（インターベンション）

支援計画に基づき支援を実施します。ここでは保護者への支援のみ解説します。

①受容

表2－2の「日々のかかわりのなかで佐藤さんの不安やストレスを受け止める」のように、保護者の話を傾聴しながら、保護者の感情や気持ち、思いを受け止めることです。特に問題に対するマイナスの感情を受け止めることは、保護者が問題に取り組むための原動力の一つとなります。

②方法の提案

保護者に、子育てに活用ができる具体的方法を助言することです。表2－2の「子育てに関する具体的な助言を行う」が該当し、例えば、年齢や発達に合わせた食事や衣服の着脱の方法、子どもへの言葉のかけ方などがあります。

③モデルの提示

保育者が、保護者に対して子育ての具体的なやり方を実際の行動で示します。表2－2の「保育所の同じ年齢の子どものクラスを見学しながら、具体的な対応の仕方を伝える」が該当します。

④紹介（情報提供）

表2－2の「生活保護の利用を勧め、福祉事務所を紹介する」のように、保護者や子どもが利用できる社会資源（専門機関やサービス）について、保護者に説明し、その利用を促す援助です。

メモ

⑤仲介

保育者が、保護者と専門機関などとの仲立ちをし、保護者には社会資源を紹介し、一方で専門機関との連絡・調整を行う支援です。なお、④の「紹介（情報提供)」は、保護者に社会資源を説明し、利用を促すことですが、「仲介」は「紹介」に加えて、社会資源へのはたらきかけまで行う援助です。

⑥関連機関との連携

保育所が、問題解決のために、ほかの専門機関や専門職と連絡・調整等を行い、協力関係を通じて協働することです。表2－2では、「民生委員に見守りを依頼する」や「家庭児童相談室などにつなげる」が該当します。実際にこれらを行った場合は、保育所は民生委員や家庭児童相談室と定期的に情報交換をしたり、協働して親子を支援したりすることが求められます。

■⑤経過観察（モニタリング）

経過観察は、支援開始後の意識的な親子の見守り、経過の観察や点検です。観察内容は、支援の実施状況、目標の達成度、親子の状況の変化、新たな問題の発生の有無などです。

事例

最初の面談から1か月後の様子です。以下の様子から、状況が少しずつ改善されていると判断し、同じ内容の支援を続けることにしました。

○担任を中心に日々、佐藤さんにあいさつや声かけをしたところ、少しずつ佐藤さんもあいさつを返すようになった。子育てに関する質問などはない。

○一郎くんの顔は汚れていることがあるが、ガツガツと食事をすることが少なくなった。

○園長が佐藤さんに声をかけたところ、佐藤さんは福祉事務所に行き、生活保護を申請したとのことだった。

経過観察は、日常場面における親子の観察、支援場面での観察、必要に応じて面談によって実施します。関連機関と連携している場合は、会議などによって経過観察を行います。これらを通じて収集された情報は、記録をつけて、家庭状況

メモ

や課題に対する変化などを見逃すことなく、見守ることが重要です。

■⑥事後評価（エバリュエーション）

事後評価では、目標が達成され、困難が改善されたかを支援計画をもとに評価します。評価の方法は、経過観察のそれに準じますが、支援の結果、保護者の言動や表情、子どもの様子などから親子の変化を確認します。

事例

最初の面談から６か月後の様子です。
○佐藤さんは以前のような暗い表情がなくなるとともに、送迎時には佐藤さんから職員にあいさつをするようになった。
○一郎くんの清潔がほぼ保たれ、ガツガツと食事をすることはなくなった。
○園長と主任で佐藤さんと面談を行った。生活保護費が支給され、通院をし、生活が安定しつつあるとのことだった。また、子育てについては慣れないことも多いが、担任に質問したり、ほかのサービスを利用したりして、自分なりに一郎くんにかかわっているとのことだった。

表２－２の支援計画に基づく支援の評価の例としては、「佐藤さんから暗い表情がなくなる」「一郎くんが保育所でガツガツ食べなくなった」「生活保護費が支給され、通院をし、生活が安定しつつある」などから、表２－２に示された目標のいくつかは達成したといえます。

目標が達成されない場合は、支援計画の改善が求められ、図２－２の⑥から②への矢印のように情報収集からやり直し、支援内容をあらためて検討する必要があります。例えば、佐藤さんの状況に変化がなければ、状況を確認し、園長が佐藤さんと福祉事務所を仲介することが求められるかもしれません。

参照
第３章第１節「福祉事務所」（44頁）

■⑦終結

事後評価において、目標達成が確認され、新たな支援が必要ないと判断された場合でも、保育所全体で継続的な見守りを行うことが求められます。同時に、保護者にはいつでも相談できる旨を伝えることが必要です。

メモ

また、支援は終了していないが、支援を終結せざるをえない場合は、新たな支援の場を検討し、その施設や機関につなぐことが求められます。

まとめの演習

表2－1の情報収集シートと、表2－2の支援計画は作成途中のものです。事例の内容を踏まえつつ、これらの表を完成させてみましょう。なお、本文には、各項目すべての情報が載っているわけではないため、読み取れる以上の情報を想定して補ってください。

メモ

<参考文献>

武田建・津田耕一『ソーシャルワークとは何か――バイステックの 7 原則と社会福祉援助技術』誠信書房、2016 年
東山紘久『プロカウンセラーの聞く技術』創元社、2000 年
福原眞知子監・編『マイクロカウンセリングの展開』川島書店、2012 年
社会福祉士養成講座編集委員会編『新・社会福祉士養成講座⑦ 相談援助の理論と方法Ⅰ 第 3 版』中央法規出版、2015 年
金子恵美『保育所における家庭支援』全国社会福祉協議会、2008 年
山縣文治・橋本真紀編『よくわかる家庭支援論（第 2 版）』ミネルヴァ書房、2015 年

<おすすめの書籍>

川村隆彦・倉内恵里子『保育者だからできるソーシャルワーク』中央法規出版、2017 年
子どもと保護者の支援ガイドブック作成検討委員会編『気づく　かかわる　つなげる――保育者のための子どもと保護者の育ちを支えるガイドブック』全国社会福祉協議会、2017 年
倉石哲也・鶴宏史編著『保育ソーシャルワーク』ミネルヴァ書房、2019 年
中谷奈津子・鶴宏史・関川芳孝編著『OMUP ブックレット No.61　保育所・認定こども園における生活課題を抱える保護者への支援――大阪府地域貢献支援員（スマイルサポーター）制度を題材に』大阪公立大学共同出版会、2018 年

メモ

第3章

地域における子育て支援

第1節　地域の子育てにかかわる社会資源

この節のねらい

- 子育て家庭の支援にかかわるさまざまな社会資源とその特徴を理解する
- 保育所が地域の社会資源として果たす役割を理解する
- 個別のケースにあった社会資源の活用を提案することができる

演習　自園が所在する地域にある社会資源をあげて、その特徴や地域による違いについて話し合ってみましょう。

社会資源とは

参照
「社会資源」第2章第1節(23頁)、第5章表5－2(90頁)

参照
「フォーマルな社会資源」「インフォーマルな社会資源」第5章第1節（91頁）

子育て支援にかかわる**社会資源**とは、子育て家庭の抱えるさまざまなニーズを充足するために、何らかの支えや助けを提供することができる制度、機関･施設･組織、人、技術、知識、資金、物資等すべてを資源としてとらえることができます。社会資源には**フォーマルな社会資源**（制度化されているもの）と**インフォーマルな社会資源**（制度化されていないもの）があります。フォーマルな資源としては、①社会制度としての資源（保育や児童福祉に関する法律、制度等）、②専門的な施設や機関（行政の公的な機関や施設（児童相談所や保健センター・警察等）、民間も担っている専門機関（保育所・児童発達支援センター・子育て支援センター等））、③公的な人的資源（保育士、ソーシャルワーカー、医師･保健師、

メモ

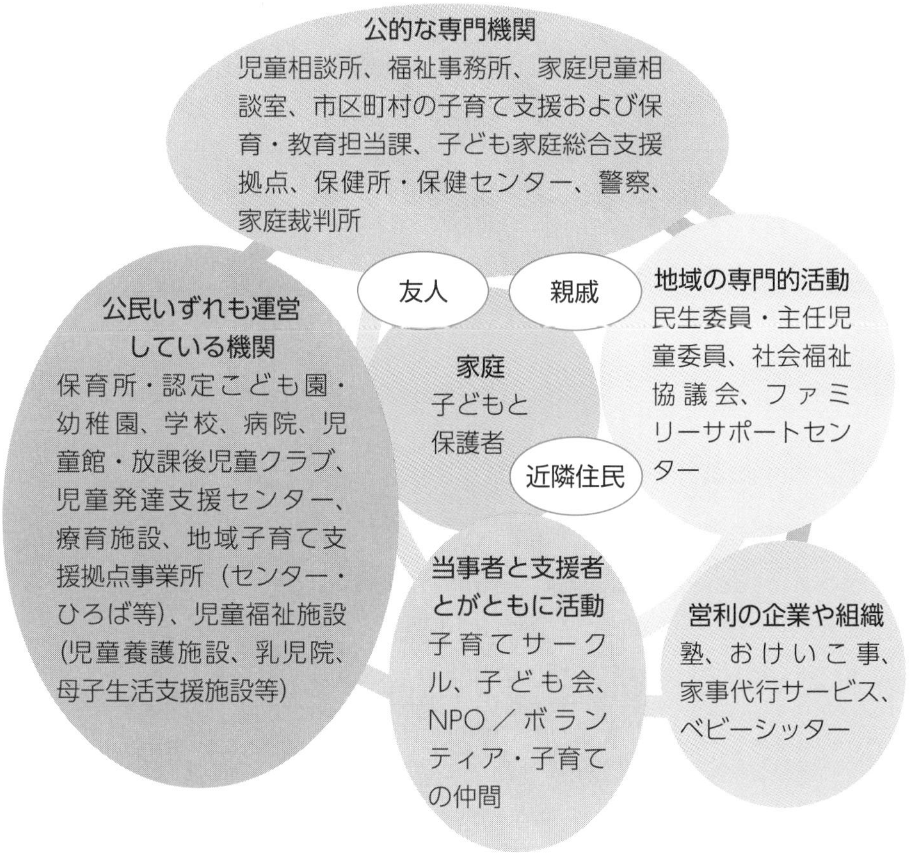

公的な専門機関
児童相談所、福祉事務所、家庭児童相談室、市区町村の子育て支援および保育・教育担当課、子ども家庭総合支援拠点、保健所・保健センター、警察、家庭裁判所

友人

親戚

地域の専門的活動
民生委員・主任児童委員、社会福祉協議会、ファミリーサポートセンター

公民いずれも運営している機関
保育所・認定こども園・幼稚園、学校、病院、児童館・放課後児童クラブ、児童発達支援センター、療育施設、地域子育て支援拠点事業所（センター・ひろば等）、児童福祉施設（児童養護施設、乳児院、母子生活支援施設等）

家庭
子どもと保護者

近隣住民

当事者と支援者とがともに活動
子育てサークル、子ども会、NPO／ボランティア・子育ての仲間

営利の企業や組織
塾、おけいこ事、家事代行サービス、ベビーシッター

図 3-1　子育て家庭を支える社会資源の例

弁護士等の専門職、地域の民生委員・主任児童委員等）が代表的なものとしてあげられます。社会資源は一般的に、公的でフォーマルな資源に目を向けられがちですが、インフォーマルな社会資源としての人的資源（家族・友人、ボランティア、セルフヘルプ・グループ等）も含まれることを念頭におくことが必要です。また、社会資源を利用するための資源（交通手段・情報など）も広い意味での社会資源ととらえることができます。図 3－1 は子育て支援に利用しやすい地域の社会資源を示したものです。

保育士等は、各家庭のニーズを充足するために利用できる資源を見つけ出し、保護者が主体的に社会資源を活用し問題解決を図ることができるように支援していきます。それぞれの社会資源は、その機能により、専門家による専門性および

メモ

権限、支援の安定性や継続性、柔軟性、利用者の費用負担も違います。子育て家庭が多様な社会資源のメリット／デメリットを理解して利用できることが望まれます。

子育て支援にかかわる機関・人

保育所等で把握しておくとよい社会資源のなかで、私的な社会資源や営利を伴うものを除く、主だった社会資源について理解しておきましょう。

児童相談所：都道府県と指定都市に設置が義務づけられ、政令で定める児童相談所設置市や特別区も設置可能。主に児童の虐待・非行・あらゆる専門的相談援助を行う専門施設。

市町村の子育て支援・教育等の所管課：住民にとって一番身近な相談窓口、市町村が行う子ども家庭福祉相談窓口と位置づけられる。子どもに関するあらゆることの計画・推進・実施をする課として重要。

福祉事務所・家庭児童相談室：社会福祉全般にかかわる業務を行う。家庭児童相談室は児童相談所より身近な相談機関となっている。

保健所・保健センター：健康保健分野について、保健師が中心となって指導している。母子保健サービスの多様な役割を果たしている。**子育て世代包括支援センター（母子健康包括支援センター）**の設置に伴い連携の中心的役割を担う。

社会福祉協議会：地域福祉を推進する中心的な民間の非営利組織。全国・都道府県・市町村に設置。

民生委員・児童委員および主任児童委員：厚生労働大臣の委嘱を受け、地域住民が各地区で生活の相談や支援活動を行う無報酬の委員が民生委員である。児童に関することは児童委員が行う（民生委員と兼務）。主任児童委員は児童委員と施設関係機関との調整を行う。

用語

子育て世代包括支援センター（母子健康包括支援センター）

2016（平成28）年6月の母子保健法改正により、市町村での設置の努力義務が法定化され、令和2年度末までの全国展開を目指し、妊娠期から子育て期までの切れ目のない支援を行うとされている。

地域の社会資源としての保育所

2019（平成31）年4月現在、3万6345か所ある保育所等（幼保連携型認定こども園、幼稚園型認定こども園等及び特定地域型保育事業を含む）は、地域の子

メモ

育て家庭にとって一番身近な児童福祉施設です。第1章の表1－9（15頁）でふれられているように、保育所には子どもと保育士等の専門職が常にいるという特性をもっており、地域の側からみると子どもと保護者に対する支援を行うことができる専門的な社会資源といえます。蓄積してきた保育の知識、経験、技術を活かしながら、子育て家庭や地域社会に対し子育て支援の役割を果たしていくことは、保育所の社会的使命であり、責任でもあります。保育所が社会的な信頼を得て日々の保育に取り組んでいくとともに、地域の共有財産として広く利用され、その機能を活用されることが望まれます。

保育所保育指針の第4章の「3　地域の保護者等に対する子育て支援」の「(1)地域に開かれた子育て支援」の項には、「ア　保育所は、児童福祉法第48条の4の規定に基づき、その行う保育に支障がない限りにおいて、地域の実情や当該保育所の体制等を踏まえ、地域の保護者等に対して、保育所保育の専門性を生かした子育て支援を積極的に行うよう努めること」と明記されています。

実施にあたっては、①日常の保育に支障がないこと、②地域の実情や職員体制などを考慮したうえでの実施という限定的な表現はされているものの、昨今の地域の子育て力の低下に伴い、子育て支援の役割がより一層重視されており、保育所への期待は大きくなっています。在宅の子育て家庭を支援していくことは、子どもの発達保障、育児の不安・負担の軽減、孤立を防ぎ、子育て家庭の**ウェルビーイング**の実現、虐待の発生予防、次世代育成などの意義があります。保育の専門的機能を地域の子育て支援に積極的に展開していくことが望まれています。子育

表3-1　児童福祉法における保育所が行う地域の保護者に対する子育て支援

児童福祉法

第48条の4　保育所は、当該保育所が主として利用される地域の住民に対してその行う保育に関し情報の提供を行い、並びにその行う保育に支障がない限りにおいて、乳児、幼児等の保育に関する相談に応じ、及び助言を行うよう努めなければならない。

②　保育所に勤務する保育士は、乳児、幼児等の保育に関する相談に応じ、及び助言を行うために必要な知識及び技能の修得、維持及び向上に努めなければならない。

用語

ウェルビーイング
人権や自己実現の保障を表す概念。1946年のWHO（世界保健機関）憲章における「健康」の定義のなかで、「身体的・精神的・社会的に良好な状態にあること（well-being）」と用いられている。最低限度の生活保障という伝統的な事後的補完的福祉のとらえ方のみでなく、人間的に豊かな生活の実現を支援し、人権を保障するための多様なサービスにより達成されるものと考えられている。人間の多様性を尊重し、問題の発生や深刻化を防ぐことを目的とした予防・促進・啓発といった広い福祉のとらえ方の転換が図られている。

メモ

てしやすい地域づくりのために社会資源としての役割を果たし、地域の連携のなかで機能していくことが求められています（詳しくは第5章参照）。

地域における子ども・子育て支援事業の取組み

子ども・子育て支援法に基づく子ども・子育て支援新制度が2015（平成27）年に施行され、子育て家庭にとって最も身近な市区町村単位で地域の特性に即した子育て支援事業が展開されています。保育士等は、自らの地域でどのような支援が展開されているのかを理解しておくことが必要です。表3－2は子ども・子育て支援法第59条に基づき地域子ども・子育て支援事業として位置づけられている支援を一覧にしたものです。地域の子育て支援としてはさまざまな事業があることを理解したうえで、保育所も地域の子育て支援の拠点として社会資源の役割を果たしていくことが重要となってきます。特に、利用者支援事業、地域子育て支援拠点事業、子育て援助活動支援事業（ファミリー・サポート・センター事業）、子育て短期支援事業等に関しては、周辺地域の状況をしっかり把握し、連携をもち、地域の子育て家庭の支援に役立てるように理解しておきたい事業といえるでしょう（表3－2参照）。

メモ

表 3-2　子ども・子育て支援法に位置づけられている地域子ども・子育て支援事業

事業名	内容	地域の状況
利用者支援事業	子どもおよびその保護者等の身近な場所で、教育・保育・保健その他の子育て支援の情報提供および必要に応じ相談・助言等を行うとともに、関係機関との連絡調整等を実施する事業	
地域子育て支援拠点事業	乳幼児およびその保護者が相互の交流を行う場を提供し、子育てについての相談、情報の提供、助言その他の援助を行う事業	
妊婦健康診査	妊婦の健康の保持および増進を図るため、妊婦に対する健康診査として、①健康状態の把握、②検査計測、③保健指導を実施するとともに、妊娠期間中の適時に必要に応じた医学的検査を実施する事業	
乳児家庭全戸訪問事業	生後4か月までの乳児のいるすべての家庭を訪問し、子育て支援に関する情報提供や養育環境等の把握を行う事業	
養育支援訪問事業	養育支援が特に必要な家庭に対して、その居宅を訪問し、養育に関する指導・助言等を行うことにより、当該家庭の適切な養育の実施を確保する事業	
子どもを守る地域ネットワーク機能強化事業（その他要保護児童等の支援に資する事業）※	要保護児童対策地域協議会（子どもを守る地域ネットワーク）の機能強化を図るため、調整機関職員やネットワーク構成員（関係機関）の専門性強化と、ネットワーク機関間の連携強化を図る取組みを実施する事業 （詳しくは、第4章73頁参照）	
子育て短期支援事業	保護者の疾病等の理由により家庭において養育を受けることが一時的に困難となった児童について、児童養護施設等に入所させ、必要な保護を行う事業 短期入所生活援助事業（ショートステイ）および夜間養護等事業（トワイライトステイ）がある	
子育て援助活動支援事業（ファミリー・サポート・センター事業）	乳幼児や小学生等の児童を有する子育て中の保護者を会員として、児童の預かり等の援助を受けることを希望する者と当該援助を行うことを希望する者との相互援助活動に関する連絡、調整を行う事業	
一時預かり事業	家庭において保育を受けることが一時的に困難となった乳幼児について、主として昼間において、認定こども園、幼稚園、保育所、地域子育て支援拠点その他の場所において、一時的に預かり、必要な保護を行う事業	
延長保育事業	保育認定を受けた子どもについて、通常の利用日および利用時間以外の日および時間において、認定こども園、保育所等において保育を実施する事業	
病児保育事業	病児について、病院・保育所等に付設された専用スペース等において、看護師等が一時的に保育等する事業	
放課後児童クラブ（放課後児童健全育成事業）	保護者が労働等により昼間家庭にいない小学校に就学している児童に対し、授業の終了後に小学校の余裕教室、児童館等を利用して適切な遊びおよび生活の場を与えて、その健全な育成を図る事業	
実費徴収に係る補足給付を行う事業	保護者の世帯所得の状況等に応じて、保護者が支払うべき日用品、文房具その他の教育・保育に必要な物の購入費用や行事参加費等を助成する事業	
多様な事業者の参入促進・能力活用事業	特定教育・保育施設等への民間事業者の参入の促進に関する調査、民間事業者の能力を活用した保育施設等の設置または運営を促進するための事業	

※要保護児童対策地域協議会は、市町村のなかでも重要な強化事業であるので、ここでは強調して表示した。
出典：2017（平成29）年7月厚生労働省行政説明資料を一部改変

メモ

まとめの演習

表3－2の地域の状況の欄にあなたが勤務する地域の状況を調べて記入してみましょう。

①発達上の不安を抱えている子どもや、②障害のある子どもと家族にとっての社会資源にはどのようなものがあるか、あなたが勤務する保育所等が所在する地域について調べてみましょう。

メモ

第2節 地域の子育て家庭に対する支援の実際

この節のねらい

- 地域の子育て支援の拠点として取り組むべき事業について理解し、具体的にプログラム等を企画し実践することができる
- 一時預かり事業の意義と役割を理解し、子どもの最善の利益を考慮した保育と保護者の支援をすることができる

あなたの勤務する保育所では、地域の子育て家庭に向けての支援としてどのようなことに取り組んでいますか。すべての取組みを書き出してみましょう。

地域の子育て家庭に対し、各保育所が実際に取り組んでいる内容を出し合い、工夫している点や配慮点、苦労している点等を出し合い、学び合いましょう。

一時預かりにおける留意点には、どのようなことがあるでしょう。以下の二つの視点から、具体的に考えてみましょう。
①子どもの最善の利益を守る視点
②保護者のニーズを実現する視点

メモ

地域に開かれた保育所としての役割

保護者自身が小さな子どもにふれて育った経験も少なく、地域社会の子育て力の低下が叫ばれるようになって以来、以前の地域社会が育んできた**親準備性**も育ちにくくなってきています。保育所が地域のすべての子育て家庭を対象とした支援に取り組むことは、子育て中の悩みや不安の軽減を図り、地域のなかでの孤立した子育てを防ぎ、地域の子育て力の向上に寄与するものです。子どもを育てることに喜びや楽しさを見出して、親として社会に自立していこうとする保護者を子育てパートナーとして支えていくことで、地域におけるより広い年代の子どもの健全育成にも効果があると考えられます。

保育所の地域子育て支援の役割機能としては、「地域の子育ての拠点としての役割」と「一時預かり事業を実施していく役割」との二つがあります。そのいずれにおいても、保育所がもっている特性を活かして実施していくことが大切になります。

用語

親準備性
子どもが成長していく過程で、年少児や赤ちゃんに直接触れ、子育てを間近に見て、自然な形で親になるためのスキルを身につけること。親となるための事前学習が、自らの成長過程のなかで無理なく身についていく状態のことを広く指す言葉である。

地域の子育ての拠点としての役割

■出会う・つなぐ・つながる――地域の親子の交流の場の提供と交流の促進

保育所には、子どもの遊び場としてのさまざまな機能がそろっています。園庭や遊戯室があり、年齢発達に合った遊具があります。子ども集団があり、さまざまな年齢の子どもに出会い、かかわることができます。何より保育の専門家である保育士や各専門職がいて、遊びを見守り展開し、子どもとの楽しい時間を過ごすことができる空間もあります。保育所の機能を開放し、地域の親子が園庭開放や遊びの広場に参加することにより、地域の保護者同士が保育所という場を介して交流し、地域での子育て仲間の輪が広がっていきます。地域の親子がつながるだけではなく、時に親と子をつなぎ、地域と親子をつなぎ、保育所の在園児親子と地域の親子をつなぐ、また地域の多世代のさまざまな人たちと子育て世代をつなぐ場にもなり得ます。地域の特徴と子育て家庭のニーズを把握し、さまざまな交流を図る場をつくることで、親子が地域で顔の見える関係のなかで生活してい

メモ

く素地をつくり、自立していく道筋を示すことができます。子育てが始まる時期は、コミュニティの底辺を広げやすい時期ととらえ、積極的につなぐ役割を務めていくことが大切です。

■地域の養育力の向上を図り、保護者自身が学べる場

食事・排泄等の基本的生活習慣の自立に関することや遊び方や玩具の使い方、子どもとのかかわり方等、初めて子育てをする保護者にとってはわからないことがたくさんあります。保育士等は**行動見本**を示し、保護者に具体的なかかわり方や知識を伝えていきます。保育所は多くの子どもたちの生活の場でもあります。子どもたちの実際の生活のなかに参加する体験保育や保育参加・参観は在園児・保護者のためだけではなく、地域の親子にとっても貴重な学びの場になります。また、個別の支援を図るだけでなく、先輩の母親たちの力を借りて相互に伝え合う場（障害をもった親子の語り場等）を設けることで、地域全体の子育て力の向上を図ります。

■子育てに関する講習会等の実施

子育てに関する講習会等は、地域のニーズに合わせて実施していきます。保護者を対象に、子どもの心身の発達や対応の方法を学ぶ研修会や、保護者と子どもが一緒になって体験的に学ぶ親子遊びの講座まで幅広く提供していくことが必要になります。離乳食づくり等の具体的な育児講座、給食の試食会、手づくりで玩具をつくりそれで遊ぶ活動等、保育所の特色を活かした取組みを進めていくことが求められます。父親はもちろん祖父母も巻き込んだ講座等も考慮し、柔軟に企画していきます。講習会等の内容は、保育士、栄養士、看護師等の職員の専門性を活かしたものだけではなく、保護者や地域のボランティアからアイディアを募集し、保護者がもっている力を発揮できる場にしていくことも必要です。ランニング講座、エアロビクス講座、子ども服づくり、絵本づくりや読み聞かせの会、コーラスの会、演劇会等……、保護者自身が講師になり、子どもは保護者同士で世話をし合うなどの方法を取り入れ、地域で子育てを助け合うきっかけとなるような仕掛けも考えていきます。

用語

行動見本
行動見本とは、保育士等がその専門性をもって、実際に子どもの保育を行い、具体的に子どもの対応方法、子ども理解の方法等を示すことを指す。保育士等の子どもへの深い理解に基づく、子どもの成長発達を見据えた保育の方法を保護者等に示し、言葉によるアドバイスだけではなく、実際の保育士等の行動（生活援助の方法、一人ひとりの子どもに対する対応、集団に対する指導方法等）から学び取ってもらおうとする子育て支援の専門的な支援方法の一つである。

メモ

■子育て等に関する相談や助言を気軽にできる場

地域の子育て拠点における相談・助言は、子どもが遊びながら交流する場で行われることにその特徴があります。子育て相談は、日々の生活のなかでの小さな疑問や不安を気軽に相談できる場として機能することが必要です。遊びのひろばのなかで、保護者自身がゆったりと過ごし、安心して自分の気持ちを出せるようなかかわりのなかで本音で話せるように気を配り、何気ない会話のなかから保護者の困っていることや悩みに耳を傾け、相談に乗ります。子どもや保護者の状況に応じて、具体的に助言したり、行動見本を実践的に提示したりするなど、一人ひとりの必要に応じて対応していきます（本章第 3 節を参照）。

■地域の子育て関連の情報提供

現代はインターネットの普及によって、誰もが気軽に育児情報を手に入れることができるようになってきました。半面、さまざまな情報が氾濫し、不正確な子育て情報のために保護者はかえって不安になったりイライラしたりといった状況に陥りやすくなってもいます。必要な情報が必要な人に届くことが重要となります。保育所は地域の子育てに関する情報を来所者に発信していくだけでなく、専門性に基づいた育児のための知識・技術を具体的に伝えていくことが必要です。また、保育所側からの一方的な発信ではなく、利用者同士が情報をやりとりできる工夫や、利用者を巻き込んでの情報誌の発行など、相互性を大切にしていく視点も必要です。その場合、情報の信憑性を高めることや、保護者同士のやりとりによる孤立や対立を発生させないよう見守ることも重要です。

地域の子育て拠点を運営するにあたっての留意点

■気軽に訪れることができる環境づくり

保護者が参加しやすい雰囲気づくりを心がけます。地域の親子にとって、入所していない施設を初めて訪れることは勇気のいることです。保育所は訪れやすい雰囲気をつくるための環境を、ハード・ソフト両面において整備していきます。

メモ

気軽に訪れ、相談することができる保育所が身近にあることは、家庭で子どもを育てていくうえでの大きな安心感につながります。

■親子の集う場におけるプログラムの工夫

親子が集う場での雰囲気は、ゆったりと誰でも参加できる空間と時間を演出していくことが必要です。基本的には時間やプログラムに縛られることのない(「ノンプログラム」といわれています)、スタッフによる見守りを中心とした場を提供していきます。子どもの年齢発達を考慮した環境をつくり、子どもが自分らしさを発揮して気持ちよく遊べる空間をつくります。そのなかで、子どもたちがさまざまな人と出会い、かかわることができるよう配慮します。保護者も子どもと一緒にリラックスするなかで、ほかの親子とかかわることができるような心地よい場をつくっていきます。キーパーソンとなる支援者の姿勢が、ほかの支援者の受容、共感的な態度に大きく影響していきます。さらに、親子が楽しめるイベントプログラムなどを工夫して企画し、保護者が遊び方を学ぶ、子どもとの日常的な対応のヒントを得る、ほかの保護者と交流し関係をつくる、子どもと子どもがかかわることで親子と親子がつながり、地域にも輪を広げることができるなどの目的が達成できるように取り組みます。

■地域で孤立した子育て家庭をなくしていくための工夫

親子が集う場の保育者の役割としては、温かく迎え入れ、身近な子育てパートナーである相談相手として、親子同士をつなぎ、親子と地域をつなぐ役割を担い、親子が地域に自立していくことを支援していく姿勢が必要です。育児不安を和らげ、虐待の防止に資する役割が保育所にも求められていることを踏まえ、地域の子育て家庭を受け入れていくことが重要です。保育所の体制に応じて、保育所から一歩出て、地域での出張子育て支援等に取り組むことも必要となってきています。**マイ保育園**として、保育所の機能を活かした妊娠期からの一貫した支援等を行うなど、母子保健とも連携し、地域の実情に応じた取組みを通して、地域が抱える子育ての課題や多様な保護者への理解を積み重ねていくことで、さらに地域の実態に即した子育て支援を行うことができるようになっていくことが期待されています。

メモ

用語

マイ保育園

マイ保育園制度とは、地域の身近な保育所等に登録し、妊娠期から出産後就学前まで、一貫した支援を保育所等（マイ保育園）から受けられる制度。現在多くの市区町村が実施しており、母子健康手帳を交付する際に登録の案内がある。

■次世代育成と子育てにやさしい地域づくりのための工夫

保育所は子育てしやすい地域をつくっていくための発信および育成拠点でもあります。地域におけるより広い年代の子どもの健全育成としても機能していきます。小学校、中学校、高等学校が実施する乳幼児とのふれあい交流や保育体験に保育所が協力するなど、次世代育成支援の観点から、将来に向けて親準備性を育み、地域の子育て力の向上につながるような支援を展開していくことが求められています。また、高齢者がもっている力を子育て参加の機会に活用するなど、さまざまな世代の交流を図る核となることで、子育てを社会全体でしていこうとする意識を醸成していく役割も担います。

一時預かり事業を実施する役割

参照
「一時預かり事業」本章表3-2（47頁）

一時預かり事業は地域子ども・子育て支援事業の一環として「家庭において保育を受けることが一時的に困難となった乳幼児について、主として昼間において、認定こども園、幼稚園、保育所、地域子育て支援拠点その他の場所において、一時的に預かり、必要な保護を行う事業」と位置づけられています。

制度的には、一時預かり事業実施要綱により、実施場所、対象児童、設備基準および保育の内容、職員の配置、保育従事者の研修等の違いによって、表3-3のように分類されます。特に、一般型においては待機児童解消に向けて緊急的に対応する必要のある地域の施策として、保育所等への入所が決まるまでの間、定期的に預かる「緊急一時預かり」を実施している地域もあります。また、災害等に対応するための特例として取り組まれることもあります。

■一時預かりの意義

一時預かり事業は、保護者が一時的に子どもを預けることによって、①緊急事態においても保護者と子ども双方のウェルビーイングが保障される、②保護者は短時間もしくは不定期の就労等の活動が保障される、③育児疲れによる保護者の心理的・身体的負担から、一時的に解放されることにより、子育ての負担軽減を図り、リフレッシュすることができる、④子どもにとっては保護者以外の人とか

メモ

表 3-3　一時預かり事業の分類

①一般型	保育所、幼稚園、認定こども園、地域子育て支援拠点、またはその他の利便性の高い場所等で、主として保育所・幼稚園・認定こども園等に在籍していない乳幼児等に対応
②幼稚園型Ⅰ	幼稚園または認定こども園に在籍している満 3 歳以上の幼児に対応
③幼稚園型Ⅱ	幼稚園において保育を必要とする（3 号認定を受けた）2 歳児（満 3 歳未満の子ども）に対応
④余裕活用型	保育所・認定こども園・家庭的保育事業所・小規模保育事業所・事業所内保育所において利用児童数が利用定員総数に満たない場合に、在籍していない乳幼児に対応
⑤居宅訪問型	利用児童の居宅において実施。障害、疾病の程度で集団保育が難しい場合や、ひとり親家庭等の保護者の一時的な夜間および深夜の就労等に対応
⑥地域密着Ⅱ型	主に地域子育て拠点や駅周辺など利便性の高い場所で実施。主に幼稚園、保育所、認定こども園等に通っていない乳幼児に対応

かわることにより、良好な保育環境が整備され、発達保障の場が確保される、などの意義があります。

■一時預かりの活用を通して実現できる子育て支援

　一時預かりは、保護者に代わって保育をするという、一見すると託児的な支援としてのみ受け取られがちですが、子育て支援の入り口として機能しています。一時預かりでは、子どもも安心して保育を受けることができ、子どもの発達保障と子どもの福祉の向上を図ることが目指されます。一時預かりを利用することで、保護者にとっては支援とつながるきっかけとなり、育児の不安や悩みを相談できる場を得ることにつながります。また、個別のケースのニーズに合わせた社会資

メモ

源とつながるなどの効果も期待できます。

■一時預かり事業に取り組むにあたっての留意点

一時預かりでは、突然新たな環境に子どもがおかれることになります。緊急の事態が背景にある場合もあり、子ども自身が非常に不安定である場合も考えられます。子ども自身に共通していることは、①保護者と離れた経験が少ない、②集団に慣れていない、③低年齢児が多いため、人見知りがあったり場所に慣れにくいなど情緒が安定しにくい、ということが考えられます。何よりも子どもの最善の利益を考慮し、安心して過ごせる環境と生活ペースを心がけます。家庭的な雰囲気を大切にし、ゆったりと過ごすことが基本となります。泣くなど不安定なときは、なるべく同じ保育士等が対応し、個別の対応を心がけます。家庭での過ごし方と保育所での生活との連続性に配慮し、保育所のペースを強要することがないように、子ども一人ひとりの特徴を尊重した対応を心がけます。

一時預かりの保育室がある場合と、各年齢のクラスに入る場合と、保育所の施設の状況によって配慮事項も変わりますが、急に環境が変わる子どもの気持ちをしっかり受け止め、年齢発達に合った保育内容を準備し、子どもが「楽しかった」「また来たい」と思えるような経験ができるように心がけていくことが重要です。また、一時預かりの集団は異年齢の場合も多いため、きょうだいのような経験ができるよう無理のないかかわりを心がけていくことが必要です。子どもがくつろげる空間、年齢を考慮した個別の遊具等を準備するなど、一日の流れや家庭的な環境に配慮します。

一時預かりでは、子どもにとっては日頃の生活でなじみのない大人やほかの子どもと過ごし、その時々によって構成の異なる集団での生活を経験することになるため、一人ひとりの子どもの心身の状態を考慮して保育することが求められます。また、状況に応じて、保育所で行っている活動や行事に参加するなど、日常の保育と関連づけながら、柔軟な保育を行うことが大切です。

なお、保育中のけがや事故の防止に十分配慮するとともに、事故発生時の対応や連絡方法等を明確にしておくことも必要です。

メモ

■一時預かりにおける保護者への支援

緊急に一時預かりを利用する保護者は、不安定な状況が背景にある場合もあり、急に子どもを預けることに対して、マイナスの感情や不安をもっていることもあります。まずは安心できるよう、保護者の気持ちをしっかり受け止めて安心感がもてるようにはたらきかけます。リフレッシュのための利用などについて後ろめたい気持ちをもっている保護者に対しては、子どもと保護者双方にとってのプラス面に目を向けることができるようはたらきかけます。一時預かりという制度の利用をきっかけに個別の相談・助言などの支援につながることも踏まえて、丁寧に対応します。また、不適切な養育等が発見される場合もありますので、個別の継続的支援につなげていくことや社会資源につなぐことが必要になる場合もあるという視点をもって、対応していくことが大切です。

まとめの演習

地域の子育て拠点として保育所はどのような活動に取り組むことが必要でしょうか。具体的なアイディアを出し合いながら、地域の親子を対象としたプログラムを考えてみましょう。

メモ

第3節　地域の保護者に対する相談の実際

この節のねらい

- 地域の親子が集う場における保育士等の相談・助言の特徴と方法・配慮点を知り、実践することができる
- さまざまなケースに対応できる相談・援助の方法を知り、実践することができる
- 地域の子育て支援を行う保育士等として身につけるべき能力について理解し、説明することができる

演習　以下は、実際に地域の子育て支援の交流の場における保護者との相談場面の事例です。事例に登場する母親への対応方法を考えてみましょう。

事例

【事例１】引っ越してきたばかりで、夜泣きに疲れ、子どもをたたいてしまった母親

０歳児（高月齢児）の子どもを抱いて、初めて交流の場に訪れた母親。子どもが遊ぼうとせず抱きついていることにイライラしている様子が見受けられます。保育士等（支援者）が声をかけると「夜泣きがひどくて眠れないのです。引っ越してきたばかりで誰も知らないし、疲れてしまって……。昨夜はとうとうたたいてしまいました……」と訴えてきました。

メモ

【事例２】子どもの発達に不安を抱きながらも、対応方法に戸惑っている母親

Ａ児（２歳）親子は、保育園の地域交流の場に何度か参加しています。Ａ児のお気に入りは木製の電車の玩具で、いつも寝転んで走らせ、一人で楽しんでいます。ほかの子どもの遊びにはあまり関心がないようです。保育士等（支援者）は、Ａ児が話すことはなく、母親とかかわっている様子もあまり見られないため、以前から気になっていました。今日も、ほかの子が電車を少しでも触ろうとするとＡ児は怒り暴れ出し、パニック状態になり泣き止みません。母親はおろおろと相手の親子に謝るばかりで、Ａ児をなだめることもできません。周囲の親子も気づいて見ています。

二つの事例について、支援者である保育士等はどのようにかかわっていけばよいでしょうか。それぞれの事例に沿って対応方法を考えてみましょう。

① 母親役と保育士等（支援者）の役を決めて、ロールプレイをしてみましょう。
② 事例から読みとれる問題を解決するためには、どのような情報を収集していくことが必要でしょうか。
③ 問題解決に向けて保育士等（支援者）が取り組むべき内容を話し合ってみましょう。
④ 保育施設の限界を考慮し、適切な社会資源につなげていく方策も考えてみましょう。

保育士等が行う「相談援助における態度」

保育所が地域の子育て中の親子に対して相談・助言を行う場面は、保護者が子育てに関する相談をしたいと思って訪れるケースと、交流の場に参加している親子の様子から保育士等が相談援助活動へと導いていくケースがあります。いずれの場合も保育士等の対応が子育ての負担軽減につながるだけではなく、虐待等の

メモ

不適切な養育の予防の効果をもっています。相談援助のスタートは、主に地域の親子が集う交流の場や遊びの場における何気ない会話から、最初の面接が始まります。その段階から第2章第1節の「**相談援助における態度**」を基本に、親子に対応していきます。保育士等の行う相談援助活動は、親と子それぞれの状況を、子どもの専門家という視点でとらえ、そのいずれに対しても対応していくという特徴があります。

参照
「相談援助における態度」第2章第1節（24～26頁）

個別の相談援助活動

■個別の相談援助活動の基本

保護者に対する個別の相談援助活動の基本は、保育所保育指針「第4章　子育て支援」の「1　保育所における子育て支援に関する基本的事項」をよく理解し対応していきます。子どもの最善の利益を考慮することを常に念頭において、地域の子育て支援の場に初めて参加する保護者や、初めての育児に向き合っている保護者の気持ちを受容・共感するところから支援がスタートします。一人ひとりの個別性を尊重し、保護者と子どもの人権に配慮し、信頼関係をつくっていきます。そのうえで、保護者自身が自らの子育てに向き合い、自分で解決していこうとする姿勢を導き出して、自己決定できるよう対応していきます。支援者としての保育士等には守秘義務はもちろんのこと、自らの保育力・支援力を高めていくための自己研鑽が求められます。

参照
「保護者に対する個別の相談援助活動の基本」第1章、第2章

■相談援助のための場の確保

個別の相談援助を行うにあたっては、まず、遊びの場において、親子が安心して自らを表現し、相談できる体制づくりをします。保育士等は、子どもの遊びに対応しながら、日常の会話をかわし、保護者が安心して気軽に相談ができるよう心がけます。必要に応じて、全体の遊びの場とは別に、相談コーナーや相談室を確保する等、環境を整備しておきます。また、十分に時間をとって親子分離をして個別の相談を行うことが必要なことも生じてくるため、保育所のなかで臨機応変に対応できる体制も考慮しておきます。

メモ

■傾聴・受容

初対面の保護者に対して**非審判的態度**で臨むのはもちろんのこと、表情、動作、姿勢、服装、子どもへのかかわり方等の非言語的なメッセージを観察のなかから受け止めていきます。保育士等の行う相談活動においては、子どもに対しての受容的対応も含まれるところにその特徴があります。傾聴の方法としては、すべてを肯定的に受け止めながら十分に聴き、繰り返される訴えの内容を整理して受け止めていきます。

■情報の収集と分析（アセスメント）

面接のなかから保護者の状態、おかれている状況を把握し、その背景の理解と状況の分析を行います。また、子どもを観察し、対応しながら的確に子どもの発達の状態や現在の状況を把握していきます。保護者から「大丈夫ですから放っておいてください」というメッセージが言葉ではなく非言語的に発せられるときもあります。子どもや子育てについての知識がないために、適切なかかわり方や育て方がわからなかったり、身近に相談や助言を求める相手がおらず、子育てに悩みや不安を抱いたり、子どもに身体的・精神的苦痛を与えるようなかかわりをしたりする保護者がいることを十分に理解し、遊びの場を共有しながら相談にのります。

今この場で、保護者は保育士等にどのようにしてほしいと思っているのか、目の前にいる保護者が求めているわかりやすい要求の顕在的なニーズの把握だけではなく、保護者が子どもへの不適切な対応や行動をしてしまうその背景には何があるのか、保護者の願いや本当に困っていることの根源はもっと違うところにあるのではないか等々、潜在的なニーズの把握に努めます。保育士等は、保護者と子どもに対して、両者の気持ちを感じとり、気持ちに寄り添いながら共感的な態度をもって、状況を理解していくことが必要です。共感的に理解していくときには、保護者と子どものペースに巻き込まれて振り回されないようにすることも必要です。

さらに、保護者と子どもの行動を冷静に、いろいろな角度から理解していくことも求められます。保護者と子どもの気持ちは常に動いていて複雑です。一つの

メモ

参照
「非審判的態度」第２章第１節（25頁）

参照
「アセスメント」第２章第２節（32～35頁）、図２－２（32頁）

用語
アセスメント
援助を開始するにあたって、問題状況を把握し理解すること。ソーシャルワークの過程の一つである。事前評価と訳されることもあるが、近年では、問題状況の確認、情報の収集と分析、援助の方法の選択と計画までを含む広い概念として使われることが多くなっている（『社会福祉用語辞典　第９版』ミネルヴァ書房、2013年を参考）。

ことで判断することがないように、また、独りよがりにならないように、チームで理解することが求められます。公平で偏見のない的確な客観的理解には、保育士等の専門性を活かしていくことが必要です。

以上のように、保育士等は、共感的な理解をベースに、客観的な理解をもって、多面的に情報を把握し分析していきます。そのうえで、どのような支援が今必要なのかという当面の対応はもちろんのこと、今後どのような解決すべき問題があるのかを考察し、目標を設定し、対応していきます。

■信頼関係の確立

保育士等の行う相談活動における信頼関係の確立には、子どもの専門家として「子どものことを知っている」ことによる特徴的な信頼関係構築の方法があります。初対面の子どもや何度かしか会うことがない子どもに対しても、その子の状況を的確にとらえることができる専門家としての深い洞察が求められます。わが子の状況を肯定的にかつ的確にとらえてくれる保育士等に対して、保護者は「この人なら話せそう」という気持ちを抱き、そのことが問題解決への糸口へとなっていきます。

■自己決定の原則

保護者を援助していく過程において、保育士等は保護者自らが解決方法を選択し、決定していくことを尊重する態度を基本として対応します。ここにも「保育の専門家としての助言」という選択肢を提示することを求められる場合があります。行動見本も含めた子どもの育児に関する具体的アドバイス等の求めに応じつつも、保護者自身が選択し、**自己決定**していけるよう支援していきます。その際、保育士等の「保育観」を押しつけることがないよう、**自己覚知**が必要となってきます。また、保育士等は発達診断をする立場ではありません。発達の遅れなどが疑われる場合には、ほかの社会資源につなぐ方法を提示しながら、最終的には保護者の自己決定につながるよう支援していきます。

参照
「自己決定」第1章第2節（11頁）

参照
「自己覚知」第1章第2節（11頁）

用語
自己覚知
支援者が自らの能力・性格・個性を知り、感情や態度を意識的にコントロールすること。相談時に自らの価値観や感情を持ち込むことは、問題の状況を誤って判断することになるため。

メモ

グループの力を使った相談援助活動

ある調査によれば、地域子育て支援拠点の利用の前に感じた不安は、「とても不安」と「少し不安」を合わせると、「子育ての仲間をうまくつくれるか (61.3%)」「他の利用者に、自分や子どもが受け入れられるか (57.8%)」について高い数値を示しており、利用後はともに 11 ～ 13%ほどに減少しています[1)]。このことは、地域の子育て中の親子にとって、社会的なつながりをどのようにつくっていくかが課題の一つであることを物語っています。特に、妊娠・出産のタイミングと重なって夫の転勤等を機に初めての土地に赴任してきた家族など、生活圏に仲間や親族がいない、社会的なつながりが少なく孤立しやすい場合等は、虐待や母親の精神疾患等深刻な問題が起きることも懸念されます。

このような場合、地域の親子が交流する場でもある保育所の子育て支援においては、個別の援助活動と並行して、当事者（集う親子）の力を相互に利用した相談援助活動も有効です。当事者相互が話し合う機会を設定して、個人のもっている不安や不満を軽減する方策を探る、個人と子育て仲間をつなぐ、個人と地域をつなぐなどの目標をもって、グループでの援助活動を企画していきます。特に、転入して間もない親子にとって、新しい土地での情報や、子育て中の家族に出会うことは重要なことであり、孤立を防ぐ手立てとなり得ます。

このような方法においては、保育士等は**ファシリテーター**の役目を担うことになります。親子が相互に穏やかに話し合える場の提供者となり、自らの体験を語り合うなかで、参加者同士が学び合いながら、支え合えるような場をつくっていきます。カナダ生まれの子育て中の親支援プログラム「**ノーバディズ・パーフェクト**」のように、参加者がそれぞれに抱えている悩みや関心のあることをグループで出し合いながら、必要に応じてテキストを用い学び合って、自分に合った子育ての方法を見つけていくという方法もとることができます。複数回の講座として保育所側で企画し、希望者を募って実施する方法も考えられます。この場合は、親子の分離を図り、親には親としての空間を保障して企画していきます。いずれにしろ、保護者同士の関係をつくり、支え合える（**ピア・サポート**）関係を構築するためのサポートとなります。障害をもった子どもの家族の支援において、先輩の家族も交え、地域をつなぐ意味でもこのようなグループのサポート方法は効

用語

ファシリテーター
「促進者」「状況整備者」ともいわれる。話し合いやグループ活動の場で、主体的で自律的な活動を促進する役割を担う者をいう。

ノーバディズ・パーフェクト
カナダの子育て支援のための「完璧な親はいない」という子育て支援プログラム。0 歳から 5 歳までの子どもをもつ親を対象に、希望者は講座を受けることができる。内容は、章末の参考文献にあるジャニス・ウッド・キャタノの著書に詳しい。

ピア・サポート
ピア（Peer）は同輩・なかまを指す。支援する人、支援される人といった縦の関係ではなく、同じ問題を抱えた者同士が横（水平）の関係のなかで支え合うサポートの仕方。

メモ

果的であり、親自身が**エンパワメント**されていきます。

用語

エンパワメント

人とその人がおかれている環境との関係に注目し、その人自らが環境を改善する力を高め、自らの生活を自らの決定によってつくり上げていけるよう、その過程を支援することをいう。

保育のプロ集団としての限界

地域に向けての子育て支援は、利用者が来たくなくなれば来なくなるという、通過施設の要素ももっています。保育施設であるという限界をわきまえて、介入が必要と懸念されるケースにおいては、いち早くほかの資源との連携を模索します。**要保護児童対策地域協議会**等との連携は常に意識しておく必要があります。また、ほかの社会資源につながり、主たるサポートはほかの専門機関から受けられるようになった場合においても、地域の居場所として、いつでも迎え入れる姿勢をもち、子育てパートナーであることを保護者に伝えておきます。地域の親子の居場所をサポートするという意味では、ケースとしては終結していても見守りは続いているともいえます。

参照

「要保護児童対策地域協議会」第4章第1節（73頁）

以上のように、地域の保護者等に対する支援を行う保育士等には、①子どもを支援する「保育力」、②親子関係を支援する「人間関係力」、③親の支援をする「相談援助力」、④子育てしやすい地域をつくっていくための「地域連携力」が必要であるということがいえます。

メモ

まとめの演習

地域の保護者等に対する子育て支援を担う保育士等には、どのような「資質・能力」が必要とされていますか。整理していきましょう。

① 「○○ができる」「○○を知っている」「○○の態度がとれる」という三つの視点から、それぞれが自分で考え、メモをしていきます。(30 個程度)

② 各自の考えたものを出し合い、同じような項目のものがあればみんなでグループ分けを行い、そのグループにテーマ名をつけましょう。

③ 重要度が高いものは何かを話し合い、優先順位をつけて並べてみましょう。最終的に、どのような資質・能力をもって子育て支援に取り組めばよいのかについて、キーワードを出して、まとめ、発表し合いましょう。

メモ

＜引用文献＞
1）NPO 法人子育てひろば全国連絡協議会編、渡辺顕一郎・橋本真紀編著『詳解　地域子育て支援拠点ガイドラインの手引（第 3 版）』中央法規出版、44 頁（図 2 -10　地域子育て支援拠点の利用の際に感じた不安）、2018 年

＜参考文献＞
柏女霊峰『これからの子ども・子育て支援を考える』ミネルヴァ書房、2017 年
森上史朗・柏女霊峰編『保育用語辞典』8 版、ミネルヴァ書房、2016 年
山縣文治・柏女霊峰 『社会福祉用語辞典』9 版、ミネルヴァ書房、2014 年
NPO 法人子育てひろば全国連絡協議会編、渡辺顕一郎・橋本真紀編著『詳解　地域子育て支援拠点ガイドラインの手引（第 3 版）』中央法規出版、2018 年
掛札逸美・加藤絵美『保護者のシグナル』ぎょうせい、2017 年
佐藤純子編著『拡がる地域子育て支援』ぎょうせい、2017 年
久保健太編著『子ども・子育て支援と社会づくり』ぎょうせい、2017 年
森上史朗監『最新保育資料集 2017』ミネルヴァ書房、2017 年
ミネルヴァ書房編集部『保育小六法 2017』ミネルヴァ書房、2017 年
帆足英一監『実戦保育学』日本小児医事出版社、2014 年
子育て支援コンピテンシー研究会編『育つ・つながる子育て支援』チャイルド本社、2015 年
ジャニス・ウッド・キャタノ『親教育プログラムのすすめ方』ひとなる書房、2010 年
ジャニス・ウッド・キャタノ『完璧な親なんていない！』ひとなる書房、2010 年
高辻千恵・山縣文治編著『家庭支援論』ミネルヴァ書房、2016 年
林邦夫・谷田貝公昭監『保育相談支援』一藝社、2012 年
内閣府・文部科学省・厚生労働省「保育所保育指針　中央説明会資料（保育所関係資料）平成 29 年 7 月」

メモ

第4章

虐待予防

第1節 児童虐待への理解

この節のねらい

- 児童虐待のとらえ方や現状がわかり、ほかの職員に説明できる
- 児童虐待が子どもに与える影響と発見・予防・対応の流れがわかり、ほかの職員に説明できる
- 児童虐待に関する法制度の動向がわかり、ほかの職員に説明できる

演習1 児童虐待に対してどのようなイメージをもっていますか。また、その理由も考えて書き出してみましょう。

演習2 自分が書き出した児童虐待に対するイメージやその理由を、グループのなかで説明して、共有し、話し合ってみましょう。

演習3 児童虐待の現状や要因について、あなたが理解していることを書き出してみましょう。書き出せたら、グループで共有し、話し合ってみましょう。

メモ

児童虐待のとらえ方

児童虐待について話し合ってみましたが、それぞれ異なる解釈やとらえ方があったのではないでしょうか。私たちが物事を判断するときには、個人的な価値観の影響を少なからず受けています。しかし、児童虐待のとらえ方で重要なことは、そうした価値観の影響を自らコントロールし、保育士の価値観が示されている全国保育士会倫理綱領に基づいて、何が子どもの利益かを判断することです。

児童虐待の防止等に関する法律（以下、児童虐待防止法）第1条において、「児童虐待が児童の人権を著しく侵害し、その心身の成長及び人格の形成に重大な影響を与えるとともに、我が国における将来の世代の育成にも懸念を及ぼす」とされ、第3条において「何人も、児童に対し、虐待をしてはならない」と規定しています。

保護者の側に、考慮すべき・支援を要するさまざまな事情があるにせよ、その行為が子どもの人権侵害にあたるということを理解した対応が求められます。保育所保育指針では、全体を通じて子どもの人権を守る観点が必要とされています。子どもの福祉は、支援の主たる対象が子どもと保護者という二者ですが、人権は人間の最も基本的な不可侵の権利であり、子どもにとっても同様です。

日本では、児童虐待防止法に、児童虐待として、①身体的虐待、②ネグレクト、③心理的虐待、④性的虐待の四つが定義されています。身体的虐待、心理的虐待、性的虐待の三つは、子どもに対する不適切な行為をする虐待、ネグレクトは、子どもに対して適切なこと、必要なことをしない虐待と分類できます。

虐待自体は、保護者の要因、子どもの要因、養育環境の要因などが複数絡み合って生じるものと考えられており、一つの**リスク要因**があることが直接虐待と結びつくわけではなく、適切な支援や環境があれば防ぐことが可能と考えられます。

参照
「虐待発生のリスク要因」第1章第1節（4頁）

虐待は、目に見える傷ができるだけでなく、人として生きていく機能が大きく損なわれたり、さまざまな機会を奪われることにつながります。その痛みは、子どもの心身に深く重大な傷を与え、子ども期だけの問題では済まされない課題を残します。

「虐待」という言葉からは、残虐な行為をイメージしやすいですが、もともと「虐待」は英語の「abuse」を訳したものであり「乱用する、誤用する」という意味

メモ

で、暴力がみられないものまで広く含んでいます。そのため、虐待を核に、疑わしい状況や、放置しておくと虐待につながる可能性がある周辺行為を含めたものとして、**マルトリートメント**（不適切なかかわり）という概念でとらえる視点が必要になります。虐待予防に必要なとらえ方です。

補足説明

マルトリートメント自体は、「不適切なかかわり」のことで、「虐待」という言葉から想起される暴力だけではなく、暴力はなくとも子どもにダメージを与える・与えかねない行為まで含んだ概念である。そのため、法制度で定義される虐待だけにとらわれるのではなく、そのかかわりを放置すると虐待に至る、子どもにダメージを与えるような周辺の行為としてとらえ、支援することが、早期発見や対応のために重要になる。

児童虐待の現状

平成 30 年度中に、全国 212 か所の児童相談所が児童虐待相談として対応した件数は約 16 万件（速報値）となりました（厚生労働省「平成 30 年度の児童相談所での児童虐待相談対応件数（速報値）」より）。

現在の子育ち・子育てを取り巻く社会・地域の状況を考えると、誰もが福祉的なニーズと隣り合わせとなり、支援を必要とすること自体が特別なことではなくなってきました。これまでの地縁・血縁による援助関係、協力体制が望めなくなり、地縁・血縁の制度的再構築へと向かっている最中ですが、保育所は、保育と子育て支援を中心にその特性を活かし、重要な役割を果たしているといえます。

現状では、虐待が増えているというより、多くの人が、いつ深刻な状況に陥らないとも限らないリスク要因を抱え、支援を要する状況にあると理解でき、子育て支援と虐待は対極のものではなく、連続線上の課題であるととらえることができます。はじめから虐待に陥るわけではなく、さまざまな要因を抱え、支援が必要でありながら支援がなされない、受けられないことが積み重なり、徐々に追い詰められていった結果が、虐待に結びつく可能性があります。保護者自身が支援を必要としているため、子どもや保護者の変化に気がつきやすい立場にある保育士等が、日常的にかかわりをもち続けることは、虐待の予防につながると考えられます。

児童虐待による子どもへの影響

虐待を受けた子どもは、身体的影響、知的発達面への影響、心理的・行動上の問題のリスクを抱えることになる可能性があります。

虐待を受けている子どもたちは、通常想定されるようなものとは異なる反応の

メモ

仕方や遊びの様子を見せることがあります。注意深く観察し、同様の反応が繰り返される場合には、子どもからのSOSである可能性を考慮し、具体的対応を検討する必要があります。

児童虐待の発見・予防・対応

■発見

児童虐待防止法第5条・第6条には、子どもの福祉に職務上関係のある者に対し、虐待の早期発見の努力義務、**通告の義務**が規定されています。保育士等にも同様の義務が求められます。通告にあたって、これは虐待ではないのではないか、虐待でない場合は守秘義務に違反するのではないかと通告をためらうことがあるかもしれませんが、「虐待の疑いがある」という時点で子どもの命や権利を守るための通告となります。守秘義務より優先され、刑法上の秘密漏示罪にはあたりません。

また、保育士等は虐待を見張ったり、疑ったりするのではなく、「保護者は支援を必要としているかもしれない」「私たちは子どもの福祉を守る立場である」という視点をもったかかわり方が必要です。

参照
「通告義務」第1章第2節(13頁)、本章第2節(79頁)

■予防

児童虐待への取組みは、第1次予防として「発生予防対策」、第2次予防として「早期発見・早期対応と深刻化の予防」、第3次予防として「再発予防」という三つの枠組みで行われており、相互に深く関連しています。虐待があっても、できるだけ親子分離を避け、在宅での支援が選択されています。

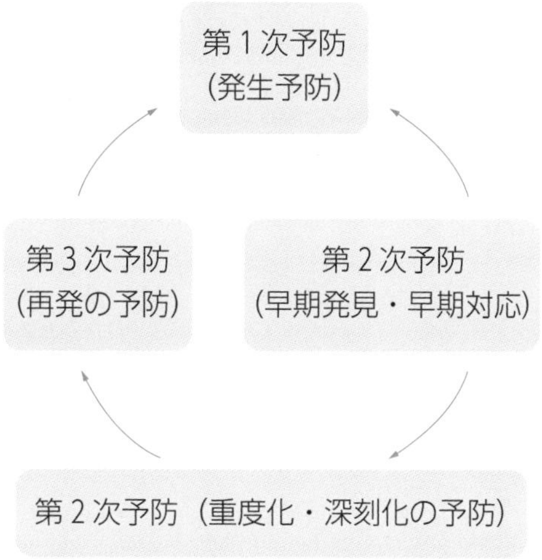

第1次予防
(発生予防)

第2次予防
(早期発見・早期対応)

第2次予防（重度化・深刻化の予防）

第3次予防
(再発の予防)

出典：山縣文治「子ども虐待」全国保育サービス協会監『家庭訪問保育の理論と実際　第2版』中央法規出版、166頁、2019年

図4-1　虐待予防の循環

メモ

保育所、保育士等の日々の支援では、第2次予防の取組みが大切と考えられます。課題の深刻化や虐待を防ぐためにも、早期発見、早期対応を意識した支援が求められます。

■対応

児童虐待への対応は、すぐによい方向へ進むとは限りません。むしろ、長くじっ

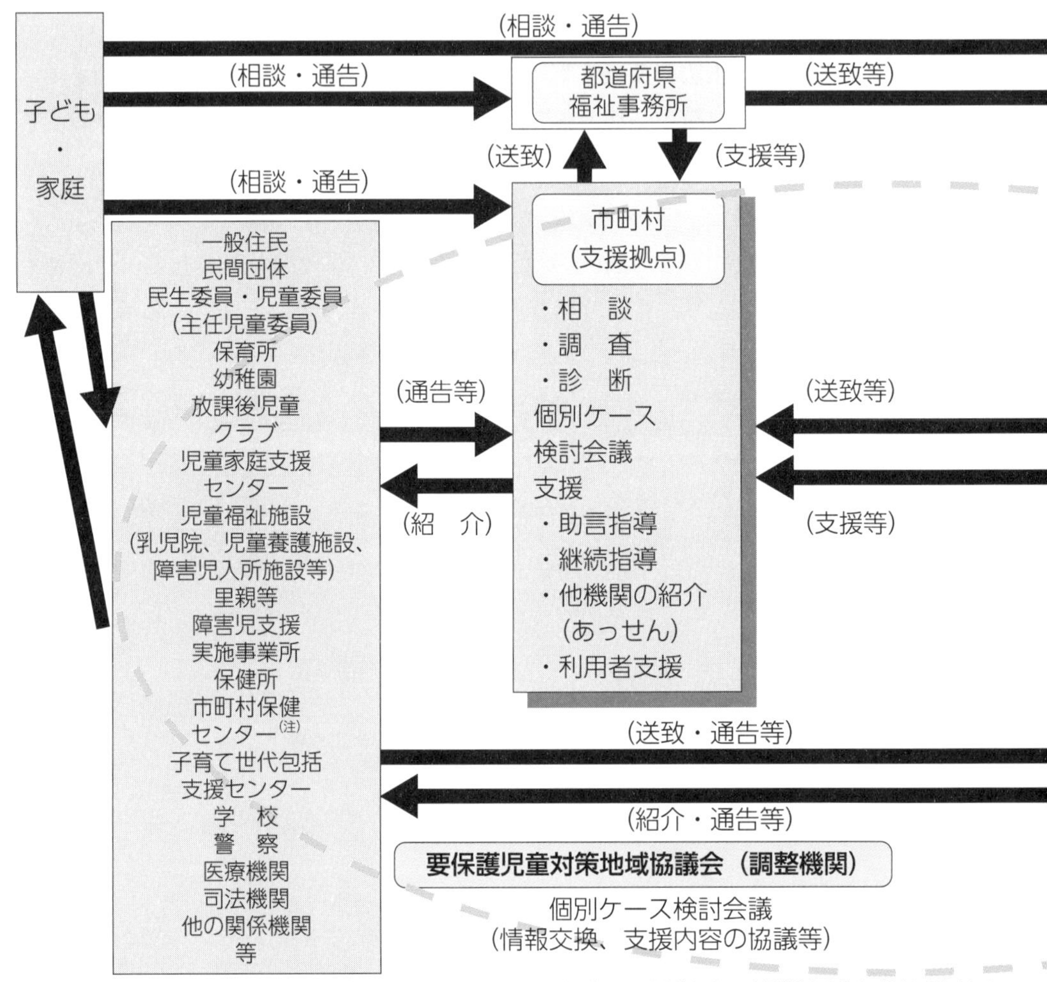

注：市町村保健センターについては、市町村の子ども家庭相談の窓口として、一般住民等からの通告等を受け、支援業務を実施する場合も想定される。

出典：厚生労働省「市町村子ども家庭支援指針」（ガイドライン）116頁、2017年

図4-2　子ども家庭支援の系統図

メモ

くりと時間をかけて取り組まなければならない支援が多くあります。しかし、子どもは成長とともに、保育所から小学校、小学校から中学校というように、所属する機関やかかわる大人たちが変わっていきます。そこで、保育所だけで対応するのではなく、先を見据えた継続的支援を意識しなければなりません。

市町村には、**要保護児童対策地域協議会**が設置されています。子どもと家庭の相談のなかでも特に手厚い支援を要する子どもや家庭について、多機関が連携し

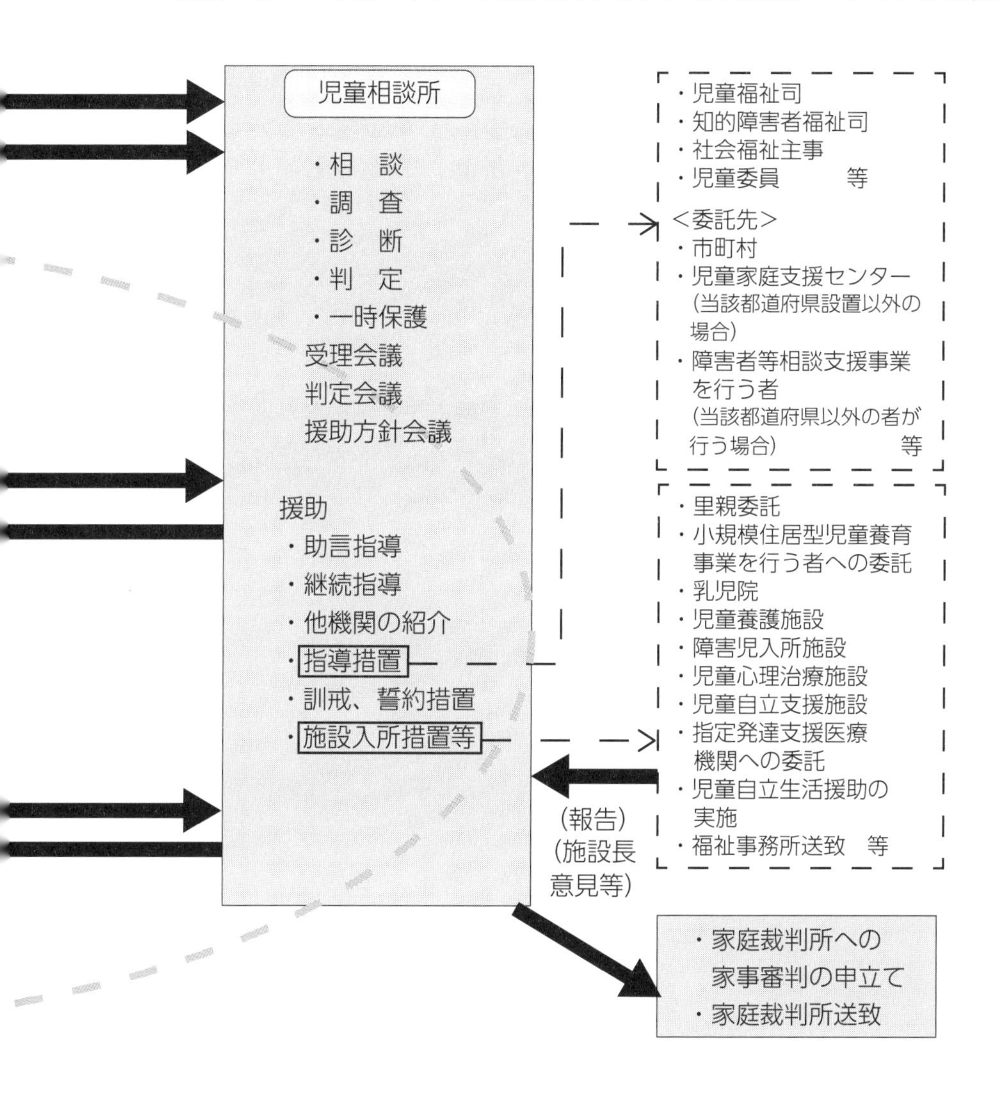

用語

要保護児童対策地域協議会

要保護児童対策地域協議会（児童福祉法第25条の2）は、要保護児童の適切な保護、または要支援児童とその保護者、特定妊婦（支援対象児童等）への適切な支援を図るため、必要な情報の交換を行うとともに、支援対象児童等に対する支援の内容に関する協議を行う。関係機関等により構成され、地方公共団体に設置の努力義務がある。

メモ

て、その支援方針や計画等について検討する仕組みです。協議会の対象は、虐待を受けている子ども、非行児童、障害児、特定妊婦等が含まれ、主担当者を決めて継続的なかかわりを可能にしています。

■施設内虐待の防止

保護者による虐待に限らず、**被措置児童等虐待**も見逃せません。児童福祉法に、被措置児童等虐待の防止等という仕組みを設けています。対象は児童養護施設等入所施設の職員や里親等に限定されていますが、通所型の保育所の保育士等にも、同様の倫理的責任があります。そのため、不適切なかかわりや虐待について、保育士同士でチェックし合い、組織としてどのように防止するかを共有することが必要です。

児童虐待に関する法改正の動向

児童虐待対応を理解するためには、民法や刑法、家事事件手続法など関連法律の知識も必要となります。児童虐待防止法は、これまでの改正で安全確認の義務化や出頭要求、一時保護や同意入所措置中の面会・通信の制限、虐待の発見者の通告義務、通告者に関する秘密保持義務、**臨検・捜索**の手続きの簡素化、**親子の再統合**の促進等が規定されています。

2016（平成 28）年の児童福祉法改正では児童の最善の利益を考慮することが規定され、**市区町村子ども家庭総合支援拠点**の設置の努力義務化等がなされました。施設退所後の子どもへの子育て支援や保育の利用等が期待されています。また、母子保健法改正により、2017（平成 29）年 4 月より**子育て世代包括支援センター（母子健康包括支援センター）**を市区町村に設置することが努力義務化されました。こうして、児童虐待を含め、地域における福祉（保育を含む）、母子保健、医療等の専門分野と多機関連携による包括的支援を目指しています。

その一方で、2018（平成 30）年、2019（平成 31）年に相次いだ**虐待死**を受け、2018（平成 30）年 7 月「児童虐待防止対策の強化に向けた緊急総合対策」、同年 12 月「児童虐待防止対策体制総合強化プラン」（新プラン）、2019（平成 31）年 2 月「『児童虐待防止対策の強化に向けた緊急総合対策』の更なる徹底・強化に

用語
被措置児童等虐待
児童養護施設等に入所している子ども、里親等に委託されている子どもに対する虐待。被措置児童等虐待の通告、子ども本人からの相談受付、都道府県等の対応に関する仕組みがある。

用語
臨検・捜索
都道府県知事は、保護者が児童虐待防止法の規定による出頭要求や立入調査を拒み、児童虐待が行われている疑いがあるときは、児童の安全の確認を行いまたはその安全を確保するため、裁判所の許可状により、鍵を開ける等をして家に強制的に立入り（臨検）、当該児童を捜索することができる。

用語
親子の再統合
狭義には、施設措置等によって分離された親子が再び一緒に暮らすこと(re-unification)。広義には、上記に加え、親子関係のあり方のさまざまな変容、家族機能の改善・再生（re-integration）ととらえられる（厚生労働省「子ども虐待対応の手引き（平成 25 年 8 月改正版）」203 頁）。

メモ

ついて」、同年３月に「児童虐待防止対策の抜本的強化について」が閣議決定されたことに基づき、子育てにおける体罰禁止や子どもの権利擁護システムの検討、児童相談所の機能分化および人員の量的・質的確保による体制強化、2022（令和４）年を目処とした市区町村子ども家庭総合支援拠点の全国展開による市町村の体制強化等が、2019（令和元）年の児童虐待防止法や児童福祉法等の改正に結実しました。

用語

市区町村子ども家庭総合支援拠点
市区町村の業務を行うにあたって、児童および妊産婦の福祉に関し、実情の把握、情報の提供、相談、調査、指導、関係機関との連絡調整その他の必要な支援を行う。2016（平成28）年の児童福祉法改正により法定化され、その設置が努力義務化された。

参照

「子育て世代包括支援センター（母子健康包括支援センター）」第３章第１節（44頁）

補足説明

社会保障審議会児童部会児童虐待等要保護事例の検証に関する専門委員会が毎年度「子ども虐待による死亡事例等の検証結果等について」報告書をまとめている。個別の事例は各自治体による検証が行われる場合、インターネットで閲覧できる。

メモ

まとめの演習

保育士等として虐待やその予防等について、どのようにとらえ直すことができたでしょうか。理解したことや考えたこと、気づいたことをまとめてみましょう。書き出せたら、グループのメンバーで共有してみましょう。

保育士等にとって、児童虐待に対する理解がなぜ必要か、あらためて考えをまとめてみましょう。また、あなたが自園に戻って児童虐待についてほかの保育士等に伝えるとしたら、どのような伝え方の工夫ができそうかを考えてみましょう。書き出せたら、感想を含めてグループのメンバーと話し合ってみましょう。

メモ

第2節 児童虐待を受けたと思われる児童への支援

この節のねらい

・ネグレクトやマルトリートメントを理解し、ほかの職員に説明できる
・疑いを含む虐待への対応についてエピソードを通じて理解し、ほかの職員に説明できる
・疑いを含む虐待への組織的対応の必要性を理解し、ほかの職員に説明できる

これまでの保育を振り返り、気になる保護者や子どものエピソードを思い出してみましょう。次に、思い浮かべたエピソードを個人が特定されないよう工夫して、記述してみましょう。
①気になっていた保護者や子どもはどのような状態だったか
②自分はどのような立場でかかわっていたか
③実際に誰がどのように支援していたか
④どのくらいの期間支援したか
⑤どのように支援を終了したか
わかる範囲で書き出してみましょう。

メモ

演習2 あらためてエピソードを読み、なぜ気になったのか、そのときあなたがどのようなことを感じていたのか、理由や気持ちを書き出してみましょう。

演習3 虐待を受けたと思われる子どもがいたら、あなたの勤める保育所では現在どのように対応しているか書き出してみましょう。組織としてどのように対応するか決まっている場合や、支援方針や手続きが保育所として定められている場合は、どのような内容であるのかを書き出して、グループで共有してみましょう。

保育所が虐待にかかわるという視点

■不適切な養育等が疑われる家庭への支援

保育所保育指針「第4章　子育て支援」において、保護者に不適切な養育等が疑われる場合、市町村や関係機関と連携し、先述の要保護児童対策地域協議会で検討することや速やかな通告により、適切な対応を図ることが規定されています。

■市町村と保育所との関係

平成17年度以降、市町村が子ども家庭相談の第一義的窓口となり、地域を中心とした相談支援をしています。相談の対象には、虐待を受けたと思われる児童など**要保護児童**が含まれます。**市町村子ども家庭支援指針**では、保育所では、登

用語

要保護児童
児童福祉法第6条の3第8項に、「保護者のない児童又は保護者に監護させることが不適当であると認められる児童」と規定されている。保護者に監護させることが不適当であるとは、虐待が行われている場合などがそれに該当する。

メモ

園時や保育活動中など、あらゆる機会に子ども虐待の早期発見が可能であると考えられており、市町村は、日頃から保育所との連携を密にし、要保護児童の通告が早期に行われるよう体制を整えておくこととされています。

また、市町村は、保育所に入所する子どもを選考する場合に、児童虐待の防止に寄与するため、特別の支援を要する家庭の福祉に配慮をしなければならないこととされ（児童虐待の防止等に関する法律第13条の3第1項）、虐待を受けた子どもが入所することがあるため、保育所、保育士等には、丁寧な支援が期待されているといえます。

■通告義務と市町村への情報提供

児童虐待の防止等に関する法律（以下、児童虐待防止法）に基づく**通告義務**は前節で述べたとおりですが、2016（平成28）年の法改正により、支援を要する妊婦、子どもおよびその保護者に日頃から接する機会の多い保育所等がこれらの者を把握した場合には、市町村への情報提供ができることとされました。保育所等が、**要支援児童**等に関する知り得た情報を市町村に提供することは、個人情報の保護に関する法律（個人情報保護法）に規定する「法令に基づく場合」に該当し、例外的に、本人の同意を得ずに情報を提供しても個人情報保護法違反にならない旨が通知され、守秘義務違反や刑法上の秘密漏示罪にもあたりません。

虐待への対応――ネグレクトを例に

■保育所で対応する虐待

すでに、**虐待の4類型**は確認しました。市町村における児童虐待相談対応件数を虐待の類型別でみると、最も多いのは心理的虐待ですが、子どもや保護者の生活の場に近い保育所では、保育士等が親子の関係性や生活の様子に直接ふれるため、ネグレクトに気づく可能性が高いと考えられます。同様に、マルトリートメント（不適切なかかわり）にも気づく機会が多くあるといえます。

メモ

用語

市町村子ども家庭支援指針

各市町村において、すべての子どもとその家庭および妊産婦等を対象とし、その福祉に必要な支援にかかる業務全般が適切に実施されるよう示されたガイドライン。2017（平成29）年3月に発出された。

参照

「通告義務」第1章第2節（13頁）、本章第1節（71頁）

用語

要支援児童

要支援児童とは、保護者の養育を支援することが特に必要と認められる児童であって要保護児童にあたらない児童のことをいう。育児不安が強い保護者に監護される子どもや、養育に関する知識や技術の不足などにより、不適切な養育環境に置かれている子ども等が含まれる。

参照

「虐待の4類型」本章第1節（69頁）

表 4-1　ネグレクトの内容

●子どもの健康・安全への配慮を怠っているなど。
例えば、①家に閉じこめる（子どもの意思に反して学校等に登校させない）、②重大な病気になっても病院に連れて行かない、③乳幼児を家に残したままたびたび外出する、④乳幼児を車の中に放置するなど。
●子どもにとって必要な情緒的欲求に応えていない（愛情遮断など）。
●食事、衣服、住居などが極端に不適切で、健康状態を損なうほどの無関心・怠慢など。
例えば、①適切な食事を与えない、②下着など長期間ひどく不潔なままにする、③極端に不潔な環境の中で生活させるなど。
●親がパチンコに熱中している間、乳幼児を自動車の中に放置し、熱中症で子どもが死亡したり、誘拐されたり、乳幼児だけを家に残して火災で子どもが焼死したりする事件も、ネグレクトという虐待の結果であることに留意すべきである。
●子どもを遺棄する。
●同居人が身体的、心理的、性的な虐待やそれと同様の行為を行っているにもかかわらず、それを放置する。

■ネグレクトの特性ととらえ方

児童虐待への支援は、多くの労力と時間を要することが、児童相談所を対象とした研究で示されています。特にネグレクトは、すぐに好転しないことが多く、子どもの成長の時間軸を見通して、連続性のある長期的な支援が必要な虐待です。

また、ネグレクトは、人により意味するものが異なっていることが多く、専門分野（法律、医学、心理学、社会福祉学など）によっても、とらえ方や危険度の評価がしばしば異なるといわれています。その意味では、保育士等としてネグレクトに該当する状態を把握することが求められます。完全に一致しなくても、表4－1にある状態に似た状況におかれている場合は注意が必要です。個別の判断は、定義に基づいたものに加え、子どもの状況、保護者の状況、生活環境等を踏

メモ

まえ、「子どもにとってどうか」という観点から総合的に行われることになります。

ネグレクトは、身体的虐待のように明らかな外傷が認められるわけではないため、保育士は何かしらの違和感を感じつつも、子どもへの影響がはっきりわからない状態が続きます。それを「ネグレクト」と呼ぶことへの躊躇や葛藤もあるかもしれません。しかし、子どもへの「今ここで」の影響がはっきりわからないことこそが、ネグレクトの特性でもあり、怖さでもあります。

そのため、早期発見・早期対応が遅れることがあり、また支援が開始されても、はっきりとした目標を立てづらいことが多く、悩みます。保護者自身が支援の必要性を感じていないことも多いため、保育士等によるかかわりが困難で、支援を拒否したり、支援を受け入れにくい傾向があります。さらに、支援が長期化しやすく、子どもの状況がほとんど変わらないことも多く、援助する側が不安や不全感を抱きやすい、巻き込まれやすい虐待でもあるのです。ネグレクトは、長期的にみて、子どもの心身に重大なリスクと深刻な影響を与えることがわかっています。早期発見と息の長い支援が求められています。

これがネグレクトの特性であることを理解することによって、客観的な**アセスメント**をする必要性に気づくことができます。また、ネグレクトを含め、個別の虐待や不適切なかかわりの状況をアセスメントし、支援や情報等の必要性を検討するために、「子ども虐待対応の手引き（平成25年8月改正版）」などを参考に、客観的な判断基準としてチェックリスト等を活用することも有効です。

保育所の特性・保育士の専門性を活かした支援

ネグレクトのとらえ方や特性を確認しましたが、ネグレクトとまでいえなくても似たような状態がみられれば、それをマルトリートメント（不適切なかかわり）としてとらえ、子どもの権利を守る長期的視点に立って、保育士である自分だけ、保育所だけで抱え込まずに取り組む必要があるといえます。

支援にあたっては、保育所の特性と**保育士の専門性**を活かすことが求められます。基本的生活習慣の自立や発達に関すること、遊びや玩具、遊具の使い方、子どもとの適切なかかわり方など、一人ひとりの子どもと保護者の状況に応じて、具体的な助言や行動見本を提示することなどがあげられます。

メモ

参照
「アセスメント」第3章第3節（61～62頁）

参照
大分県・大分県教育委員会が出している「教職員・保育従事者のための児童虐待対応の手引き」(https://www.pref.oita.jp/uploaded/life/269071_303057_misc.pdf)

参照
「保育士の専門性」第1章第3節（16頁）

一方で、子どもに対する体罰や言葉の暴力など、身体的、精神的苦痛を与えるような行為が不適切であり、してはならない行為であることも、保護者に合った方法で、丁寧に伝えることが必要となります。

日々の心身の健康状態の確認や継続的な把握、適切な記録をつけることは、児童虐待の早期発見や根拠資料となることがあり、子どもの人権擁護や関係機関との連携の視点からも重要です。

このように、保育士等による子どもと保護者に対する個別の丁寧なかかわり、保育所内での連携、市町村・関係機関との連携といった、支援にかかわる一連の流れを共有し、不適切なかかわりや虐待の予防・対応について、組織的に考える必要があります。

組織としての虐待対応

■組織的対応の必要性

自分がなんとかしなければ……、と懸命に支援を続けるあまり、事態が改善されず、保育士自身も疲弊してしまう、いわば抱え込んでしまう状態に陥ることを防ぐことは、子どもや保護者だけでなく、援助者自身を守ることにもつながります。

虐待を受けている子どもやその保護者のもつ背景は、経済的な困難、夫婦・家族関係、孤立、疾病、障害等の要因が複数絡み合い、非常に複雑です。そのため、虐待対応は、決して保育所だけで完結できないという視点を保育所全体で共有し、保育所の役割を確認して、市町村の社会資源と連携して対応することが必要とされます。

■保育所と関係機関との連携の必要性

参照

「通告義務」第1章第2節(13頁)、本章第1節(71頁)・第2節(79頁)

児童虐待は、疑いの状態も含めて市町村や児童相談所への**通告義務**があり、抱え込まず組織で対応し、重層的な支援のために必要に応じて多機関、専門職と連携・協働する必要性を確認してきました。保育士等は、自分の専門性や保育所の役割や限界を知ることとともに、子どもと家庭の福祉のために活用し得る周辺の

メモ

社会資源（サービスや人材、施設や機関）についても把握しておきたいものです。それには、保育所内での情報共有やコミュニケーションが大切になります。

市町村の関係機関との連携では、要保護児童対策地域協議会の積極的な活用と参加が必要です。**個別ケース検討会議**等を通じて、保育所の役割も明確になり、子どもと保護者の多角的な理解と重層的・継続的な支援が期待できます。

まとめの演習

あなたが虐待や不適切な養育を発見した場合、保育所において組織として対応するためには、どのような工夫が必要か話し合ってみましょう。実際に行っている取組みや工夫があれば、共有しましょう。

あなたが本節はじめの演習で思い浮かべたエピソードに登場する子どもと保護者に対して、今のあなたなら、どのような支援や工夫ができるか、考えてみましょう。

メモ

参照

「社会資源」第2章第1節(23頁)、第3章第1節（42～43頁)、第5章第1節表5－2（90頁）

用語

個別ケース検討会議

個別の要保護児童等について、直接かかわりのある担当者や今後かかわる可能性がある関係機関等の担当者により、当該要保護児童等に対する具体的な支援の内容等を検討するため、適時開催される会議のこと。この会議にも当然守秘義務が課せられる(厚生労働省「要保護児童対策地域協議会設置・運営指針」)。

＜参考文献＞
家庭的保育研究会『家庭的保育の基本と実践 第3版』福村出版、2017年
厚生労働省「市町村子ども家庭支援指針」（ガイドライン）
厚生労働省「要保護児童対策地域協議会設置・運営指針」
厚生労働省「福祉行政報告例」
才村純『子ども虐待ソーシャルワーク論』有斐閣、2005年
佐藤まゆみ『市町村中心の子ども家庭福祉――その可能性と課題』生活書院、2012年
庄司順一「ネグレクトその概念と背景」『世界の児童と母性』No.34、70～72頁、1993年
下泉秀生「ネグレクト」『小児科臨床』vol.60 No.4、579～587頁、2007年
高橋重宏『子ども虐待 新版』有斐閣、2008年
安部計彦・加藤曜子・三上邦彦ほか「要保護児童対策地域協議会のネグレクト家庭への支援を中心とした機能強化に関する研究（主任研究者：安部計彦）」平成22年度児童関連サービス調査研究等事業、こども未来財団、2011年
小木曽宏監、小倉敏彦・和泉広恵・佐藤まゆみ・御園生直美監訳『子ども虐待マルトリートメント対応ガイド』明石書店、2008年
三上邦彦編『子どもネグレクトアセスメント改訂版』ネグレクトアセスメント研究会、2008年

＜おすすめの書籍＞
子どもと保護者の支援ガイドブック作成検討委員会編『気づく かかわる つなげる―保育者のための子どもと保護者の育ちを支えるガイドブック―』全国社会福祉協議会、2017年
柏女霊峰『子ども家庭福祉論第6版』誠信書房、2020年
安部計彦・加藤曜子・三上邦彦『ネグレクトされた子どもへの支援――理解と対応のハンドブック』明石書店、2016年

メモ

第5章

関係機関との連携、地域資源の活用

第1節 保護者に対する子育て支援にかかわる関係機関・専門職との連携

この節のねらい

- 保育所が、地域における子育て支援の拠点として機能していくために必要となる、関係機関との連携の重要性について理解する
- 保育所が、保護者に対する子育て支援を行ううえで連携を必要とする関係機関や専門職には、どのようなものがあるか、具体的に説明できる
- 保育所が、関係機関や専門職と連携していくために整えるべき保育所内の体制づくりと組織としての対応の仕方について、考えることができる
- 子どもの貧困についての現状を知り、保育所としてできる対応を考えることができる

🔍参照
第3章図3-1「子育て家庭を支える社会資源の例」(43頁)

演習1 あなたの勤務する保育所では、日頃どのような関係機関や専門職とかかわりをもっていますか。第3章第1節の図3-1を参考に、以下の一覧表を作成してみましょう。

機関名・施設名・組織名等	担当部署名・担当者名・連絡先等	専門職名（職種・資格等）

①演習1の一覧表をグループで共有し合いましょう。
②親子・保育所・関係機関等との相互関係がわかるように図示して（太さの異なる矢印や囲み罫を用いるなど、示し方は任意）、保育所とさまざまな関係機関等とのネットワークマップを作成しましょう。

🔍参照
「ネットワークマップ」本章図5-1(88頁)

メモ

この章で学ぶこと

これまでの章において、保育所における保護者に対する子育て支援に関して、その基本理念や、保育所の特性や保育士の専門性を活かした支援の考え方、1999（平成11）年改定（2000（平成12）年4月施行）の保育所保育指針以降、「相談」「助言」という言葉に示され、保育士にも必要とされるようになってきた**ソーシャルワークの相談援助技術**、ますます期待される「地域に開かれた子育て支援」の役割や相談の実際、緊急課題である虐待予防といった内容について確認してきました。この章では、これらすべての内容に共通して求められる保育所以外の関係機関、専門機関といった社会資源、地域資源等との連携・協働のあり方について、考えていきたいと思います。

保育所に求められる関係機関等との連携・協働

保育所と地域の関係機関、あるいは社会資源等との連携および協働については、2017（平成29）年3月告示の保育所保育指針（以下、保育指針）の随所に述べられています（表5－1）。

これだけ多くの記述箇所があることからもわかるように、保育所は、保育所保育の役割を遂行していくうえで、その保育内容を充実させるために、家庭や地域社会との関係性を抜きにしてはならないだけでなく、保育所自身が地域において地域に開かれた大切な社会資源の一つとして、**入所する子どもの保護者に対する支援と地域の子育て家庭に対する支援等を行う役割**を十分に機能させるよう努めなければならない責務を担っているといえます。

そして、保護者に対する子育て支援については、保育指針では、**保護者・家庭および地域と連携**して**社会全体で子どもの育ちを支えるという視点**をもち、地域で子育て支援にかかわる他の機関や施設、団体、組織など、さまざまな関係機関と連携・協働していくことがますます強く求められています。それは、言い換えれば、保護者が支援を求めている子育ての問題や課題に対しては、保育所のみで抱えこまないということを意味します。保育指針の「第4章　子育て支援」にもあげられているとおり、障害や発達上の課題がみられる場合、外国籍家庭、ひと

メモ

参照
「ソーシャルワーク」第1章第1節（6頁）

補足説明
ソーシャルワークの相談援助技術においては、近年、子どもと保護者の生活全体をとらえ、地域の関係機関や社会資源と連携して課題の解決を支援する「保育ソーシャルワーク」の専門性が、保育者や保育実践に求められるようになってきている。

参照
「保護者・家庭および地域との連携」保育所保育指針第1章－1「(1)保育所の役割　ウ」（88頁、表5－1）

補足説明
こうした視点は、汐見稔幸編集代表『子育て支援の潮流と課題』において、「子育ての社会化」（榊原、2008）[1]として説明されている。

補足説明
保育所における子育て家庭への支援については、保育所保育指針解説（平成30年2月）(347頁)で、「ソーシャルワークの基本的な姿勢や知識、技術等についても理解を深めた上で、支援を展開していくことが望ましい」とされている。

り親家庭、貧困家庭など特別な配慮を必要とする家庭の場合、子育てに孤立感や強い不安などがみられる場合、不適切な養育等や虐待が疑われる場合、さらにはこれらの家庭状況が複合している場合など、社会状況の変化を背景に子どもの育ちや子育てに関する問題や課題が顕在化してきています。そして、それらの問題や課題は、その家庭が抱えている生活課題と複雑に絡み合って、複合化・多様化している現状があります。特に、こうした家庭への個別支援が求められる状況においては、保育の専門性を活かした支援に加えて、**ソーシャルワークの原理、および知識や技術への理解**に基づく支援が必要となってきているのです。保育士等は、だからこそ、子どもの最善の利益を守っていくためにも、子どもに対する保育だけではなく、保育所内外の保護者や子育て家庭への支援をともに担っていくこと、つまり、地域のさまざまな専門機関・専門職、あるいは、地域にある多様な社会資源と**ネットワークを形成**し、問題状況や情報を共有しながら対応していくことが重要であるといえるでしょう。保育指針でも、こうした他機関との連携や、**地域連携**の必要性がより一層示されているのです。

補足説明

ネットワークを形成することは、ソーシャルワークの援助技術の一つであるケアマネジメント（生活課題を抱える対象者のニーズに応じ、適切な社会資源を効果的・継続的に組み合わせて提供すること）の一連の援助方法に不可欠な方法である。

用語

地域連携

子育て家庭につないでいくために、地域の社会資源にはたらきかける役割であり、内閣府・文部科学省・厚生労働省「利用者支援事業ガイドライン」（平成26年10月、平成27年5月改正）には、①関係機関等との連絡・調整、連携、協働の体制づくり（コーディネート機能）と、②地域の子育て資源の育成、地域課題の発見・共有を踏まえた社会資源の開発等（クリエイティブな機能）の二つの面から説明されている。

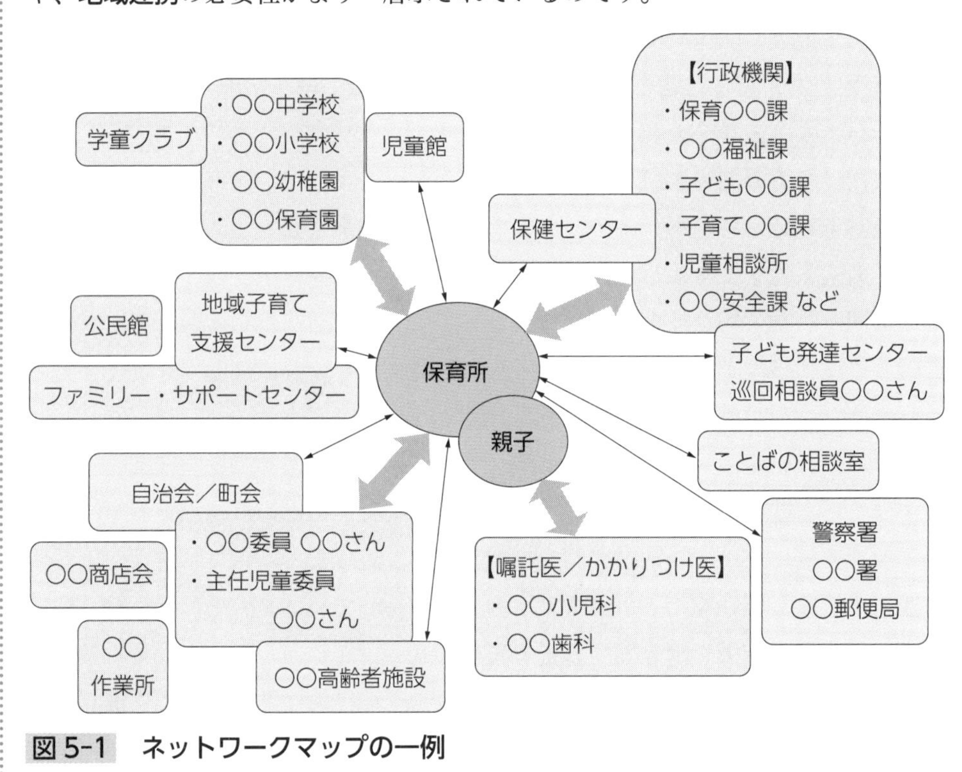

図5-1　ネットワークマップの一例

表5-1　保育所保育指針における保育所と関係機関・社会資源・地域資源等との連携に関する記述箇所一覧

該当章	該当節	項目名・記号	該当部分の記述
第1章 総則	1　保育所保育に関する基本原則	(1)　保育所の役割　ウ	家庭や地域の様々な社会資源との連携を図りながら、
		(3)　保育の方法　ア	家庭及び地域社会での生活の実態を把握するとともに、
		(5)　保育所の社会的責任　イ	地域社会との交流や連携を図り、保護者や地域社会に、当該保育所が行う保育の内容を適切に説明するよう努めなければならない
	2　養護に関する基本的事項	(2)　養護に関わるねらい及び内容　ア　生命の保持　(イ)　内容　②	家庭との連携を密にし、嘱託医等との連携を図りながら、
		(1)　全体的な計画の作成　イ	全体的な計画は、子どもや家庭の状況、地域の実態、保育時間などを考慮し、

第1章総則	3　保育の計画及び評価	⑵　指導計画の作成　キ	障害のある子どもの保育については、（中略）家庭や関係機関と連携した支援のための計画を個別に作成するなど適切な対応を図ること
		⑷　保育内容等の評価　イ　保育所の自己評価　(ウ)	保護者及び地域住民等の意見を聴くことが望ましいこと
第2章保育の内容	1　乳児保育に関わるねらい及び内容	⑶　保育の実施に関わる配慮事項　ウ	乳児保育に関わる職員間の連携や嘱託医との連携を図り、
	2　1歳以上3歳未満児の保育に関わるねらい及び内容	⑵　ねらい及び内容　ア　健康　(ウ)　内容の取扱い　②	食物アレルギーのある子どもへの対応については、嘱託医等の指示や協力の下に適切に対応すること
		⑵　ねらい及び内容　ウ　環境　(ウ)　内容の取扱い　③	地域の生活や季節の行事などに触れる際には、社会とのつながりや地域社会の文化への気付きにつながるものとなることが望ましいこと。その際、保育所内外の行事や地域の人々との触れ合いなどを通して行うこと等も考慮すること
	3　3歳以上児の保育に関わるねらい及び内容	⑵　ねらい及び内容　イ　人間関係　(ウ)　内容の取扱い　⑥	高齢者をはじめ地域の人々などの自分の生活に関係の深いいろいろな人と触れ合い、
	4　保育の実施に関して留意すべき事項	⑵　小学校との連携　イ	保育所保育と小学校教育との円滑な接続を図るよう努めること
		⑵　小学校との連携　ウ	保育所に入所している子どもの就学に際し、市町村の支援の下に、子どもの育ちを伝えるための資料が保育所から小学校へ送付されるようにすること
		⑶　家庭及び地域社会との連携	子どもの生活の連続性を踏まえ、家庭及び地域社会と連携して保育が展開されるよう配慮すること。その際、家庭や地域の機関及び団体の協力を得て、地域の自然、高齢者や異年齢の子ども等を含む人材、行事、施設等の地域の資源を積極的に活用し、豊かな生活体験をはじめ保育内容の充実が図られるよう配慮すること
第3章健康及び安全	1　子どもの健康支援	⑴　子どもの健康状態並びに発育及び発達状態の把握　イ、ウ	保護者に連絡するとともに、嘱託医と相談するなど適切な対応を図ること 市町村や関係機関と連携し、（中略）速やかに市町村又は児童相談所に通告し、
		⑵　健康増進　イ	嘱託医等により定期的に健康診断を行い、
		⑶　疾病等への対応　ア、イ、ウ	嘱託医や子どものかかりつけ医等と相談し、（中略）必要に応じて嘱託医、市町村、保健所等に連絡し、（中略）関係機関の協力を得ておくこと（中略）関係機関と連携して
	2　食育の推進	⑵　食育の環境の整備等　イ	保護者や地域の多様な関係者との連携及び協働の下で（中略）市町村の支援の下に、地域の関係機関等との日常的な連携を図り、
		⑵　食育の環境の整備等　ウ	嘱託医、かかりつけ医等の指示や協力の下に適切に対応すること
	3　環境及び衛生管理並びに安全管理	⑵　事故防止及び安全対策　ア	家庭や地域の関係機関の協力の下に安全指導を行うこと
	4　災害への備え	⑶　地域の関係機関等との連携　ア	市町村の支援の下に、地域の関係機関との日常的な連携を図り、必要な協力が得られるよう努めること
		⑶　地域の関係機関等との連携　イ	避難訓練については、地域の関係機関や保護者との連携の下に行うなど工夫すること
第4章子育て支援	1　保育所における子育て支援に関する基本的事項	⑵　子育て支援に関して留意すべき事項　ア	地域の関係機関等との連携及び協働を図り、保育所全体の体制構築に努めること
	2　保育所を利用している保護者に対する子育て支援	⑵　保護者の状況に配慮した個別の支援　イ	子どもに障害や発達上の課題が見られる場合には、市町村や関係機関と連携及び協力を図りつつ、保護者に対する個別の支援を行うよう努めること
		⑶　不適切な養育等が疑われる家庭への支援　イ	保護者に不適切な養育等が疑われる場合には、市町村や関係機関と連携し、要保護児童対策地域協議会で検討するなど適切な対応を図ること。また、虐待が疑われる場合には、速やかに市町村又は児童相談所に通告し、適切な対応を図ること
	3　地域の保護者等に対する子育て支援	⑵　地域の関係機関等との連携　ア	市町村の支援を得て、地域の関係機関等との積極的な連携及び協働を図るとともに、子育て支援に関する地域の人材と積極的に連携を図るよう努めること
		⑵　地域の関係機関等との連携　イ	地域の子どもを巡る諸課題に対し、要保護児童対策地域協議会など関係機関等と連携及び協力して取り組むよう努めること

表 5-2　社会資源・地域資源の例

種別	子育て支援にかかわる社会資源・地域資源の例
専門機関	・児童相談所、福祉事務所、家庭児童相談室、保健所・保健センターなど ・地域子育て支援拠点、子育て世代包括支援センター（母子健康包括支援センター）など ・児童家庭福祉センター、児童発達支援センター、療育センターなど
公共機関・公的施設	・市区町村役場、警察、消防など ・郵便、銀行、病院など ・ほかの保育所、幼稚園、認定こども園、地域型保育（小規模保育、家庭的保育、居宅訪問型保育、事業所内保育）、小学校、中学校、高等学校、大学など ・図書館、児童館、社会教育会館、公民館、地区センター、コミュニティセンター、公園など ・商店街、スーパー、コンビニ、大型商業施設など
組織・団体・グループ	・教育委員会、社会福祉協議会、民生委員児童委員協議会、要保護児童対策地域協議会など ・自治会、町内会など ・NPO 法人、ボランティア団体、子育てサロンや子育てサークルなど ・会社、企業など
人・人材	・民生委員、児童委員、主任児童委員、自治会役員など ・地域の住民、子育て経験者など
制度・法律	・子ども・子育て支援新制度と関連法、児童福祉法、社会福祉法、児童虐待防止法、子どもの貧困対策の推進に関する法律、母子保健法など ・地域子ども・子育て支援事業（地域子育て支援拠点事業、乳児家庭全戸訪問事業、一時預かり事業、延長保育事業、病児保育事業、利用者支援事業など） ・障害児等療育支援事業、保育所等訪問支援事業など ・産前・産後サポート事業、産後ケア事業、母子保健医療対策等総合支援事業など
文化・伝統・行事	・季節の行事・催事、祭りなど
自然・風土	・地域の自然環境、地理的条件など

参照
「社会資源」第3章第1節（42 ～ 47 頁）

参照
第3章図3－1「子育て家庭を支える社会資源の例」(43頁)

連携を必要とする関係機関や専門職

では、そういった関係機関として考えられる施設、団体、組織などの連携先にはどのようなものがあるでしょうか。それらの例を表5－2にあげましたが、連携のための**ネットワークのイメージは、第3章図3－1を参照**してください。これらの関係機関のなかでも、子育て支援にかかわる専門機関は、それぞれのもつ専門的な機能や役割から、保健機関、医療機関、福祉機関、相談機関、療育機関、保育・教育機関などといった種別に分けて整理することもできます。支援を必要とする親子のニーズに対して、どのような専門的立場からアプローチしていくことができるのか、複合化・多様化する親子のニーズに対して、**多機関・他職種同**

メモ

士が連携して、共通の目標を共有し、協働していくことが求められるケースもあります。そこで、保護者に対する子育て支援にかかわる専門職について資料1（114～115頁）に示します。

これらの関係機関や社会資源については第3章（図3－1など）でも説明されているように、**フォーマルな資源**と**インフォーマルな資源**という分類でとらえることができます。市町村や都道府県の児童相談所、福祉事務所、保健所といった、公的（フォーマル）な機関・組織などによる支援と、いわゆるママ友同士や子育てサークル、その他の友人・知人、近隣の住民といった私的（インフォーマル）な人間関係・組織などによる支援は、保護者の子育てに関するニーズによって、適宜ふさわしいやり方で有効に使っていくことが求められます。フォーマルな支援では、保護者や子育て家庭が抱える問題や課題に対して、専門職による専門的な知識と経験に基づいた支援が展開されますが、インフォーマルな支援では、たがいに同じ保護者という当事者同士の立場で、あるいは、その他の身近な人間関係から、悩みや課題を抱える保護者に寄り添い、共感をもって相手の不安や大変さを分かち合い、支え合っていけるよさがあります。そのようにして支えられた保護者が、今度は反対に、自分自身が支え手となって、身近な親子を支える循環が生まれれば、地域の子育て環境の充実につながる役割を果たしていくことになり、「**保護者及び地域が有する子育てを自ら実践する力の向上**」のためにも大切な支援であるといえるでしょう。保育所もまた、公的な専門機関の一つとして、図5－2のようにほかの社会資源と連携し、ネットワークを築いていく必要があります（第3章第1節45～46頁「地域の社会資源としての保育所」を参照）。

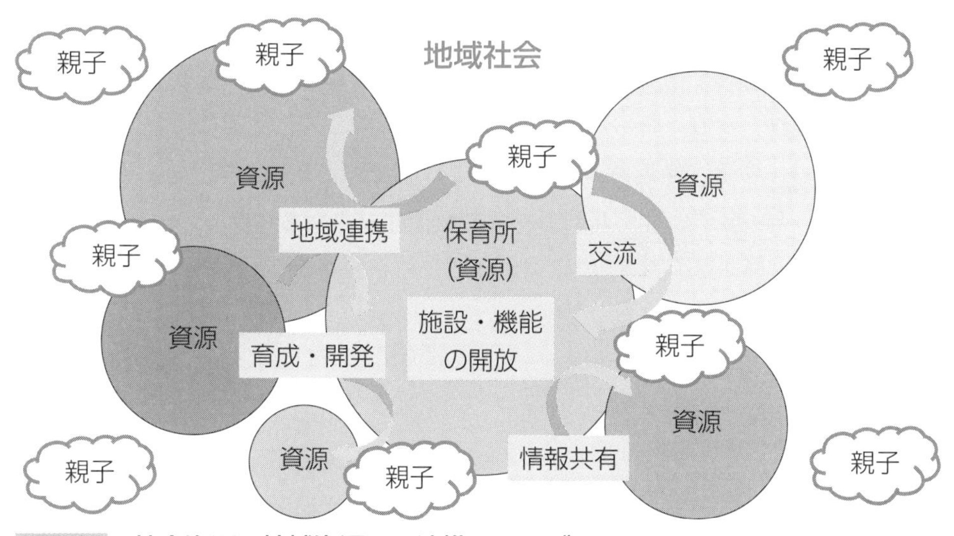

図5-2　社会資源・地域資源との連携イメージ図

補足説明

多機関連携の現状と課題を検討する「日本多機関連携臨床学会」（2016（平成28）年3月）が発足している。また、厚生労働省委託の調査結果（全国社会福祉協議会『多機関の協働による包括的相談支援体制に関する実践事例集』（2017（平成29）年3月））も報告されている。

参照

「フォーマルな資源」「インフォーマルな資源」第3章第1節（42～43頁）

参照

「保護者及び地域が有する子育てを自ら実践する力の向上」第1章第2節補足説明（10頁）

関係機関・専門職との連携における留意点

保育所には、これまでに確認したような**関係機関・専門職との連携および協働**に努めることが求められています。連携とは、互いに連絡を取り合い、協力し合うことであり、いわゆる“つなぐ”“つながる”役割を果たすことです。ただし、課題や問題を抱えた親子を関係機関や専門職につないで終わりなのではなく、その後も連携先とともにその協力関係を継続させて協働していくことが大切です。そのためには、まず、**第1章表1－9や表1－10で確認した保育所の特性や保育士の専門性**を大いに活かして、いかに発見するかということ、次にその“つなぎ方”を考えることです。もちろんその際には、“どこへ”つなぐかという問題もあります。これには、保育所としての組織的な対応の体制を築いておくことが大切です。

参照
「関係機関・専門職との連携および協働」保育所保育指針 第4章－1「(2) 子育て支援に関して留意すべき事項 ア」

参照
第1章表1－9「保育所の特性」(15頁)

参照
第1章表1－10「保育所における保育士の専門性」(16頁)

参照
「子どもの貧困」本節 (96～97頁)

■気づき・発見から問題状況の把握へ

なかなか外側に現れにくく、目に見えにくいといわれる**子どもの貧困**ですが、日々子どもを受け入れ、親子とかかわっている保育士等が、子どもの何気ないつぶやきや親子の様子から、「何かおかしい」とそのわずかな異変を察知できることは珍しくありません。家族が経済的な問題を抱えるようになったMちゃん（5歳児）一家の事例をもとに考えてみましょう。

事例

Mちゃんの担任保育士は、Mちゃんとの会話から、ここのところ父親がいつも家にいるらしいこと、反対に母親が以前より忙しそうにしていて、子どものことや家事に手が回らない状況がみられることに気づきました。どうやら、母親は、夕方以降も別の仕事に出ているらしく、父親による送迎が多くなったのですが、送迎時の父親の様子は暗く疲れた様子でMちゃんとまともに目も合わせず、登園時間もバラバラで欠席しがちになり、Mちゃんにもだんだん元気がなくなり、生き生きと遊び込む姿がみられなくなってきた、といった具合に、気になることが増えていきました。

しかし、Mちゃんの担任保育士は、家庭内のことであるので、そう性急に

メモ

は口出しができないと慎重に考えていました。そうしている間に、Mちゃんを通じて母親の仕事が短い期間に点々と変わっていっているらしい状況が伝わってきて、どうやら、父親の勤務していた会社が多額の負債を抱えて倒産し、失業したことがわかってきました。そして、保育料の滞納という事態になりました。

この事例から、問題状況の把握のためには、日常的に親子にかかわる保育士等の気づきが重要であるということがまずいえるでしょう。ただし、担任保育士は、Mちゃん親子の様子が気になりながらも、なかなか具体的に保護者にその事情を聞けないでおり、また、保育料滞納という事態となって以降は、保育所としてどのように対応すべきかという課題が生じています。

■問題状況の把握から支援の実施へ

ここで保育所が、分納という制度や、経済的課題を相談できる社会資源を知らなければ、市からの督促に対して何とか納入してもらわなければという思いから対応が遅れ、保育料の再決定も受けられず、未納金額が積み重なる事態にもなりかねません。何より、経済状況の悪化により、今あるローンのほかに新たな借金に追われ、精神的・身体的に余裕がなくなり、もがいている保護者のもとで、その**ストレス**のはけ口が、いつMちゃんに向けられてしまうかもしれないおそれがあるのです。

こうしたことを避けるためには、第一には、日常の保育を通じて、保育所が家庭との関係を丁寧に築いていき、保育士等が見守っている気持ちが保護者に伝わり、保護者の方から困っている問題について相談できるような信頼関係が構築されていることです。そして、保育所としての組織的対応の体制をつくっておく必要があります。まずは、「何かおかしい」と察知した時点で速やかにそうした情報を保育士等同士で伝え合う、あるいは、担任から主任へ、主任から園長へと報告するなど職員間で共有できる仕組みをつくり、現象として起きている事態の背景を考えるようにします。次に、“誰が”“いつ”“どんなふうに”保護者への対応をし、“どこへ”つなぐのがよいかについて協議する必要があります。Mちゃん親子について、担任あるいは保育所だけが抱え込むのではなく、行政の担当課

補足説明
貧困の問題を抱える家庭は、緊急時や日常的に子どもを預かってもらえる親族・友人・知人が身近におらず、社会的孤立の傾向が強い状況にあるため、育児ストレスを引き起こしやすいという調査結果もある（中村2016）[2]。

メモ

や福祉事務所、地域の民生委員の主任児童委員、子育て世代包括支援センターといった関係機関のどこと連携を図るか判断し、父親の再就職先が見つからず、ぎりぎりのところで頑張っている母親を少しでも支えていくようにします。保育所が不用意に介入しないことが求められますが、状況によっては、Ｍちゃんの母親に対して、「お母さん、分割っていう方法もありますよ。区役所に行って説明を受けてみたら？」「もし行きにくかったら、保育所から担当者にひとこと伝えておきましょうか？」といった助言が伝えられれば、より確実に担当課につなぐことができるでしょう。

■関係機関につなぐ際に留意すること

関係機関につなぐ際に留意すべきことは、つなぐことが、単なる情報の提供にならないよう、保護者の気持ちをよく考え、保護者自身が自分で解決に向かって動き出せる力になることです。このことを無視して、例えば、Ｍちゃんの保護者に、生活保護の受給を勧めるようなやり方は控えなければならないでしょう。

また、関係機関と連携していく際には、家庭の背景について、何となく気になる、心配だといったあいまいな状態でつなぐのではなく、保護者が「何に困っているのか」その原因を日常の保護者との信頼関係を基盤に把握したうえで、出席状況、保育料滞納というような客観的な事実の部分を記録・整理していき、保護者の同意のもとにつなぐことも留意すべき点です。

そして、子どもの最善の利益を守るうえで何よりも大事なことは、Ｍちゃんの事例でいえば、経済的困窮が、保護者から子育てに対する時間的余裕を奪い、親子の関係が悪化している現状を受け止め、日常の保育において子どもへの丁寧で温かなかかわりに配慮し、その不安な心を支えることを忘れてはならないということです。

そして、関係機関につないだ後も、その後の経過や親子の様子について、注意と関心を向けていき、事後の連絡や情報の共有を心がけていくことにより、保育所が、支援のネットワークの一員として連携・協働の役割を果たすことができるといえるでしょう。

参照

保護者への対応の具体的な手順については、第２章第２節で示された「相談援助の展開過程」(31～39頁)を参照されたい。

メモ

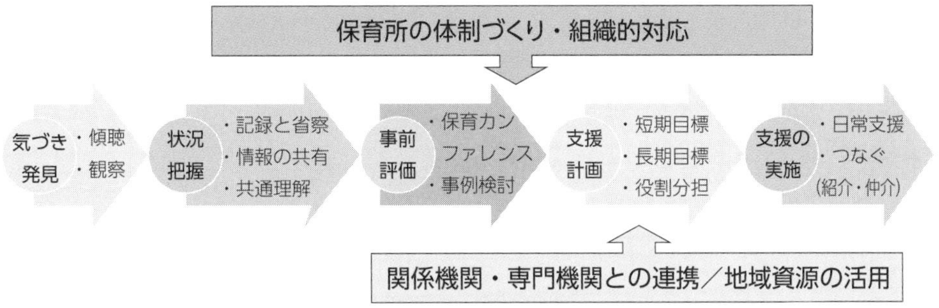

保育所の体制づくり・組織的対応

気づき 発見　・傾聴 ・観察
状況 把握　・記録と省察 ・情報の共有 ・共通理解
事前 評価　・保育カンファレンス ・事例検討
支援 計画　・短期目標 ・長期目標 ・役割分担
支援の 実施　・日常支援 ・つなぐ (紹介・仲介)

関係機関・専門機関との連携／地域資源の活用

図 5-3　個別配慮を要する親子に対する援助プロセス

■保育所の組織的対応と支援体制の構築

図5－3は、経済的な問題に限らず、子どもの最善の利益を守ることが困難な事態に対応する**支援体制の流れ**の例を示しています。保育所として、こうした流れをつくり、また、各保育所が、具体的にその流れに即した対応のための組織づくりを行っておく必要があります。例えば、配慮を必要とする事態や状況に気づいたり、発見したりした後の、情報の共有の仕方や会議等のもち方、事例検討のやり方、書類作成、対外的な連絡体制、親子への対応、それらの保育士等の分担など、保育所内の組織的対応のあり方はどうなっているでしょうか。こうした体制をつくっておくことにより、地域の保護者等に対する子育て支援においても、一時保育や併設の子育て支援センター等で明らかに気になる親子を発見した場合や、保護者から相談を受けた場合も、担当職員や保育所だけで対応するのではなく、地域の関係機関・専門機関がたがいにつながりをもってかかわっていくことが可能となります。

参照
「支援体制の流れ」第2章第2節（31～39頁）

■小学校との連携・接続

ところで、つなぐということに関しては、保育所から小学校への接続という課題もあります。秋田（2002）[3]は、連携･協働の原則として、①互恵性、②継続性、③名づけ合う関係性、④物語り性の4点をあげています。保育所内で、課題や問題がもち上がった際、どこの誰とつながり、ともに役割を担っていけるかが問わ

メモ

補足説明

子どもの貧困対策は、生活支援や教育支援を中心とした新しい政策領域である。
- 2013（平成25）年「子どもの貧困対策の推進に関する法律」制定（2019（令和元）年6月一部改正、9月施行）。同年、生活困窮者自立支援法制定
- 2014（平成26）年「子供の貧困対策に関する大綱」閣議決定
- 2015（平成27）年～「子供の未来応援国民運動」官公民の連携プロジェクト開始
- 「子どもの貧困対策会議（内閣府）」第1回～第7回（2014（平成26）年4月～2019（令和元）年11月）
- 「子供の貧困対策に関する有識者会議（内閣府）」第1回～第14回（2016（平成28）年7月～2019（令和元）年7月）
- 2019（令和元）年11月、5年ぶりに見直しされた「子供の貧困対策に関する大綱」を閣議決定

参照

「子どもの貧困」本節事例（92～93頁）

れてくるわけですが、そのためには、課題や問題が立ち上がってくる以前に、保育所等と小学校がたがいに日常的な関係を築いておくことが肝要です。行政の保育や子育て関係の担当課一つとってみても、単に職員の顔や名前を知っているだけでなく、会話を交わして相談し合える関係性が必要となってきます。また、問題や課題が生じたそのときだけ、あるいは、熱心な職員や教員が担当している間だけでなく、組織と組織が日常的に継続した関係性を保っていくことも必要です。そして、保育所の乳幼児期から学校教育の学童期あるいはその先のかかわりにおいて、各現場の機能や役割を一貫して果たしていくことで、一人ひとりの子どもの育ちをより力強く保障していくことが可能となります。

子どもの貧困をめぐる問題

■子どもの貧困の現状

厚生労働省の「平成28年国民生活基礎調査の概況」（2017年6月）によると、17歳以下の子どもの貧困率は、12年ぶりに改善され、13.9％となりました。しかし、一般的な水準の半分に満たない生活状況におかれた子どもたちが7人に1人という日本の子どもの貧困率は、世界的にみても高くなっており、そのなかでも、ひとり親家庭、特に母子世帯の貧困率は、かなり高くなっています。子どもは、発達の諸段階においてさまざまな機会（モノや経験）が奪われた結果、その人生全体に影響をもたらすほどの深刻な不利を負うことになるといわれています。貧困の中心である経済的困窮は、健康や発達、体験の不足、低い自己肯定感、家族間の諸問題、虐待・ネグレクトなど、さまざまな不利と結びつき、子どもの能力の伸長を阻み、希望を失わせ、その人生から可能性や選択肢を奪ってしまいます。そして、やがては貧困の世代間連鎖へといたる、この悪循環を食い止める必要に私たちは迫られているのです。

■保育所でできる子どもの貧困への気づきと対応

けやきの木保育園園長の平松（2016）[4)5)]は、保育士の専門性という立場から、**子どもの貧困**に対する気づきと対応として、以下のように述べています。

メモ

①「困った親」は困っていることが多い

貧困家庭はそれとわかる姿で現れるばかりでなく、洗濯をしてこない、忘れ物が多すぎる、提出物が出ない、子どもの持ち物に記名がない、お便りを読んでいない様子である、登園時間がバラバラで欠席しがちであるといった具合に、まずは、「困った親」の姿として現れます。どんな行為にも必ず意味があり、保育士等には、社会にも目を向け、その家庭の事情を理解し援助しようとする「福祉のまなざし」をもった姿勢が求められます。

②言葉では言えなくても、子どものまなざしは語っている

朝から覇気がない、元気がない、不安感が強い、落ち着きがない、大きい音や人の出入りに敏感である、あざがある、といった子どもの様子を見逃さずに対応します。食事や睡眠が十分とれているのか確認し、その子の要求は何か、注意深くその心の声に耳を傾けることが求められます。場合によっては、関係機関に通報します。

そして、食べる・遊ぶ・出かけるといった当たり前の経験や、規則正しい豊かな生活の場であり、友だちと一緒の楽しい遊びを通じて、自分が大切にされた経験や相手にわかってもらえた経験ができる場である保育所の特性を存分に活かすことが求められているといえます。「助けて」といったら助けてもらえた経験が、人と人の間で生きていく信頼感を育て、どの親子も社会で生きる大切な存在として、尊重されることを願って対応していくことが重要です。

補足説明

中谷・鶴（2018）[6]は、親子の日常的な観察と課題の早期発見のための視点を、子どもの様子、保護者の様子に分けて、まとめている。

参照

資料2「生活課題の早期発見の視点」（116頁）

メモ

まとめの演習

関係機関や専門機関との連携において、つなげることがうまくいかなかった事例を出し合い、①どこが原因だったか、②どんなふうに改善できるか、を検討してみましょう。

補足説明
土谷（2016）は、臨床相談における関係者との協働について、スムーズに進展した事例・困難が生じた事例を取り上げ、協働が機能した要因と協働に行き違いが生じてしまった連絡・調整の不備とを説明しており、参考になる[7]。

保育所内組織や保育所内体制の現状を確認し合い、その体制が十分に機能するために考えられる具体的な工夫や、課題に対する改善点を検討し、実現可能性の高い順にリスト化してみましょう。

メモ

第2節 保護者に対する子育て支援における地域資源の活用

この節のねらい

- 保護者に対する子育て支援における地域資源の活用の必要性を理解する
- 保育所がある地域にはどのような地域資源があるかを職員間で共有することができる
- 個別の配慮や支援が必要と思われる家庭や子どもに対する地域資源の活用のあり方について考える

演習1 「地域資源」と聞いてイメージする内容について、KJ法を用いて話し合い、「地域資源」とは何か考えてみましょう。

演習2 演習1をもとに、子育て家庭や保育所の周りにある「地域資源」を具体的にあげて整理してみましょう。

参照
KJ法については、巻末の「演習の方法」（121頁）を参照のこと。

地域資源とは

「地域」とは、人々がそこに生活し暮らす、一定の居住範囲であり、国語辞典の語義からは、その地域社会には、人と人とがさまざまな関係性でつながり合って形成される日常的な生活共同体、コミュニティが存在しているといえます。これに、その土地の自然や風土、歴史や文化、あるいは、制度や法律などが背景と

メモ

なっている総体を地域ととらえることができます。さらに、この地域にあって、人々にとっての暮らしや生活を支えるように機能し得る物的・人的・社会的な、有形・無形の力や手段、方策を「資源」と呼び、地域にあるさまざまな社会資源がすなわち、地域資源であるといえるでしょう。図5－4は、親子や家庭を取り巻く地域資源についてのイメージ図です。自分たちの地域にとって、地域にある社会資源として、どのような環境、制度や法律、組織や人材、機関や施設、そして、身近な人や仲間が存在しているかを、保育所が具体的に把握し、理解しておくことによって、実際の活用へと結びつけることができます。また、さまざまな地域資源は、ただ知っておくだけではなく、保育所もまた、子どもや子育てについての重要な地域資源、地域に開かれた社会資源の一つとして、地域社会との交流や連携を積極的に図り、**地域において果たしている役割や、実際の保育内容を適切に説明し伝えていく**努力が必要です。日常的・具体的に知ってもらうことによって、地域社会との距離が近くなり、保育や子育てに対する理解や、親しみをもってもらえることにつながります。例えば、万が一、散歩先の公園で園児を一瞬見失ってしまったときに、いつも子どもたちの散歩を温かい目で見ていた公園隣のマンションの方が連れてきてくれることがあるかもしれません。このような

参照

保育所保育指針第1章－1「(5) 保育所の社会的責任」、児童福祉法第48条の4、社会福祉法第75条にも同様に情報の提供について規定されている。

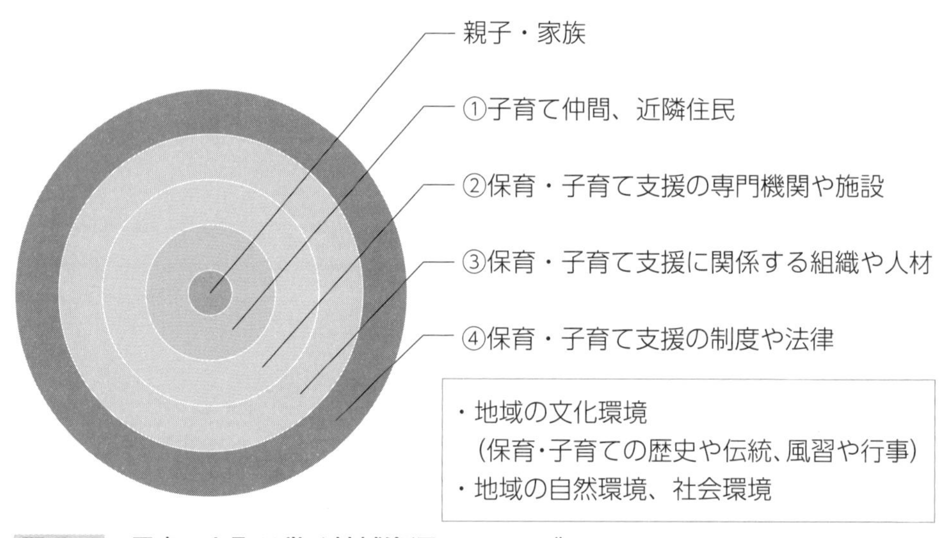

図5-4　子育てを取り巻く地域資源のイメージ

出典：矢萩恭子「第6章　地域のことを理解しよう」入江礼子・小原敏郎・白川佳子編著『保育・子育て支援演習』萌文書林、70頁、2017年

メモ

日常的な人間関係が築かれることによって、地域の親子が気兼ねなく、気軽に保育所の園庭を訪れたり、保育に参加できたりすることにもつながるでしょう。

個別配慮を要する親子に対する地域資源を活用した支援の必要性

保護者の状況に配慮した個別の支援を必要とする場合として、保育所保育指針には、以下の五つのケースがあげられています。

①両立支援のための病児保育事業など多様な事業を実施する場合

保護者の仕事と子育ての両立等を支援する事業を実施する場合に忘れてはならないことは、子どもの福祉を常に考え、子どもへの負担を極力なくし、子どもの生活リズムや情緒の安定に配慮して、生活の連続性を保障していくことです。

②子どもに障害や発達上の課題がみられる場合

障害や発達上の課題については、かかりつけ医や保健センター、児童発達支援センター等との連携が考えられます。

③外国籍家庭など特別な配慮を必要とする家庭の場合

外国籍家庭のほか、ひとり親家庭や貧困家庭等、社会的困難を抱える家庭も考えられ、市町村の担当課や福祉事務所、子ども家庭総合支援拠点、**子育て世代包括支援センター（母子健康包括支援センター）**、ファミリー・サポート・センター、民生委員、児童委員、主任児童委員、教育委員会や小学校等との連携が必要です。

④保護者に育児不安等がみられる場合

保護者の育児不安については、産後うつや精神疾患、発達障害など保護者自身が悩みや疾病を抱えている場合もあり、保健センターや子育て支援施設、子育て世代包括支援センターのほか、産後ケアあるいは心療内科を備えた医療機関等の活用も考えられます。

⑤保護者に不適切な養育等が疑われる場合

不適切な養育の兆候がみられたり、虐待が疑われたりする場合には、保護者の養育を支援することが特に必要と認められる子どもと保護者等の市町村への**情報提供**や、市町村、福祉事務所、児童相談所への**通告義務**についての規定があります。園長・主任保育士等が、専門機関や専門職等とともに具体的な支援策を協議

参照
保育所保育指針第4章「2　保育所を利用している保護者に対する子育て支援」

参照
「子育て世代包括支援センター（母子健康包括支援センター）」第3章第1節（44頁）

参照
児童福祉法第21条の10の5（市町村への情報提供の努力義務）、第25条（要保護児童発見者の通告義務）に規定、保育所保育指針解説（平成30年2月）第3章―2「(3)　不適切な養育等が疑われる家庭への支援」（353～355頁）で示されている。

メモ

参照
「個別ケース検討会議」第4章第2節（83頁）

する**個別ケース検討会議**に積極的に出席し、協力・連携して支援にあたることも求められます。

こうした連携の際には、保護者との信頼関係を基盤として、保育所内での情報共有のもと、親子や家庭の状況をよく把握し、親子や家庭への援助に関する記録や支援計画を個別に作成したうえで、適切な対応を協議し、判断していきます。

以上の場合に限らず、あるいは、在園児の親子に対してのみでなく、在園・在宅すべての子育て家庭に対して、保育士等が有する専門性を活かした支援が不可欠であり、何らかの生活課題を抱える子育て家庭に必要な地域資源、社会資源との関係を調整しながら、市町村をはじめ、ほかの機関と連携していく必要があります。もしも、適当な地域資源が見つからない場合には、その親子のニーズを他機関に伝えて新たな支援を求めるなどの対応を行うことも考えられます。

参照
「地域子ども・子育て支援事業の13事業」第3章表3－2（47頁）

参照
保育所保育指針第4章―3「(2) 地域の関係機関等との連携　ア」

さらに、子ども・子育て支援法第59条に規定されている**地域子ども・子育て支援事業の13事業**（第3章表3－2を参照）についても、延長保育事業や一時預かり事業、乳児家庭全戸訪問事業等、他の組織や機関が中心になって展開される事業の把握や認識を十分に行い、地域の実情に応じた子育て支援を実施していくことも必要です。保育所保育指針においても、**子育て支援に関する地域の人材との積極的な連携**が示されています。

いずれの場合をとってみても、保護者や地域の人々と、子育ての喜びを分かち合い、子どもを大切にする価値観や子育て文化等をともに紡ぎ出していくことも、21世紀の保育所が担う大切な役割であるといえるでしょう。

個別配慮を要する親子に対する地域資源の活用の実際 ――障害や発達上の課題がみられる場合

■保育所内の共通理解、親子理解

参照
障害や発達上の課題がみられる子どもの保育や支援の詳細については、第3巻「障害児保育」で取り上げられている。ここでは、関係機関・専門機関・その他の地域資源の活用という視点から確認していく。

障害や発達上の課題については、入園当初より保護者から相談があった場合は別として、保育所による「気づき」の段階があります。担当している保育士等による気づき、いち早く「何か気になる」という感覚は、日常的に多くのさまざま

メモ

な子どもとかかわっている保育士等ならではの経験知であるといえるでしょう。しかし、感覚や経験知で終わらせてはなりません。年齢・月齢や個人差を考慮したとしてもなお、落ち着きがなくじっとしていない、言葉の理解や指示が通らない、衝動的な行動がみられる、など思い当たることが出てきた場合、個別の記録をしっかりと残し、その子の具体的な状況や変化をとらえていく必要があります。まずは、そのクラスでの記録と省察に基づく協議を行い、乳児クラス・幼児クラスそれぞれでの会議、主任保育士や年齢別リーダーによる会議、職員全体での会議など、さまざまな会議体での協議を経て、その子どもへの援助や支援を目的として**保育カンファレンス**を実施し、保育所内の共通理解のための伝え合い・情報共有と話し合いが行われます。こうした保育所内の体制構築の重要性については、前節でみたとおりです。そして、周囲の子ども一人ひとりと同様に、この気になる子どもや親子への理解を深めていくことが、ふさわしい対応へとつながります。

■家庭との連携、保護者との信頼関係

関係機関・専門機関・その他の地域資源を活用する前提として、家庭との連携・協力が大変重要です。特に、早期の段階での専門機関との連携を焦って受診や相談を勧めることによって、保護者との関係が悪化してしまうことは避けなければなりません。日々の送迎、連絡帳や個別面談等において、保育の専門性を発揮したかかわりを根気強く、丁寧に積み重ねていくことが求められます。そこでも、保育所での子どもの様子や保育士等の感じていることをどう伝えるか、その伝え方は難しく、こうしたときこそ、保育士等は、子どもの発達を支援するだけでなく、保護者の思いを受け止めるよう根気強くかかわる役割を担っている意識を強くもつ必要があります。一つひとつの場面で大変さや困り感が否めないときでも、保護者に対して無理に**障害受容**を迫るようなことがあってはならず、子どものみならず保護者に対しても、保育所全体が受容的で共感的な雰囲気や関係を築いていくこと、そうした環境を保障することが大切です。そのためにも、担当保育士だけに負担がかかるような保育の体制にならないよう留意する必要があります。

■専門機関、専門職との連携上の留意点

一方、保育所外の専門職と協働する方法も必要に応じて活用していきます。前

メモ

用語

保育カンファレンス

元々は、医師やカウンセラーなどによる臨床事例の話し合いのことだが、よりよい子ども理解のために、保育者同士が互いにさまざまな見方や意見を出し合い、語り合う場という意味で用いられるようになっている。

補足説明

家庭や地域との連携の留意点として、北野（2018）[8]は、①日常性、②継続性、③双方向性の3点を挙げている。

用語

障害受容

人がさまざまな段階やプロセスをたどって自身や家族の障害を受け入れることをいう。ここでは、子どもの保護者がわが子の障害やその育ちの姿をありのままに理解し、受け入れることを指している。

補足説明

保育所等においては、障害のある子どもへの職員の加配や巡回指導などの事業がある。2012（平成24）年の児童福祉法改正により創設された「保育所等訪問支援」では、保護者からの依頼にもとづき、訪問支援員が施設に来て、子どもの集団生活への適応のための専門的な支援をする。

節までに、保育所のある地域にどのような関係機関や専門機関、あるいはその他の地域資源があるかどうかを知っていることや、そこにいる専門職や職員と顔がわかる関係を築くことの必要性については確認してきました。

①日常的な関係やつながりをもつ

この例においても、すでに日頃から保健センターや児童発達支援センター、地域の療育機関、嘱託医などとの関係性が構築されていることが望まれます。例えば、保護者が子どもの障害や発達の状況について、正面から向き合えないでいるときには、保健センターでの健康診査の時期に合わせた保育所での面談等により、子どもの具体的な様子について伝えておくことは、保護者の子ども理解を支えることになるでしょう。できないことや遅れていることとして伝えるのではなく、かといってあいまいに目をそらすのでもなく、その子のありのままの様子を、子どもの気持ちや行為の意味を考えながら伝えます。

②保護者の同意や了承を得る

心理職等による通常の巡回相談や、関係機関と定期的に行われる連絡会議などを利用して、保育所の保育や保育士等のかかわり方等に対してアドバイスを受けることが可能です。その際、子どもや保護者についての個人情報を守ることに留意しなければなりません。保育所として、関係機関、専門機関と連絡をとる場合には、原則として保護者の了承を得なければならないのはいうまでもないことです。専門機関に相談に行くかどうかを決めるのは、保護者であり、保護者の**自己決定**を無視して先走ったり、なかなか決断できずにいる保護者を責めたりしてはならないのです。場合によっては、保育所に伝えられないだけで、もしかすると、すでにいずれかの専門機関から診断を受けていたり、相談に行っていたりすることがないともいえません。

参照
「自己決定」第1章第2節（11 ～ 12頁）

③子どもの遊びや生活の連続性に配慮する

一方、保護者の同意を得たうえで、例えば市の療育センターへつなぐことができた場合には、そこで行われている専門的なプログラムについて知り、保育所に通ってくる曜日の保育に具体的に活かすことも考えられます。保育所から療育センターに出向き、そこで療育の様子を観察したり、専門職員から療育プログラムについての説明を受けたり、保育所での過ごし方について助言を得たりすることは有効です。ただし、これには保育所として勤務体制上の配慮が求められます。

メモ

反対に、療育センターの担当職員が、その子の保育所での様子を見に来てくれるよう調整することも可能です。保育所での食事場面に関する相談に応じて、来園した作業療法士が、座位に配慮が必要な子どもに適切ないすをつくってくれたという例もあります。あるいは、専門機関以外にも、地域で療育を受けている親子を対象とした育児サークルや、療育を経験した先輩保護者が運営しているカフェなどの情報提供により、保護者が子育てで孤立しないよう支えることも考えられます。

④就学へ向けて継続的に対応する

さらに、子どもの年齢に応じて、小学校への就学を踏まえた対応も必要です。年長組5歳児の秋の就学時健診になって初めて、保護者が現実と直面して動揺することのないよう、担任以外に園長、主任保育士、看護師等が同席して、両親と話し合う機会を、しかるべきタイミングや時期において設けることです。卒園前後は、入学する小学校や特別支援学校とも連携を図り、乳幼児期からの子どもの育ちを継続して見守っていくことに協力する姿勢が望まれます。

個別配慮を要する親子に対する地域資源の活用の実際——地域の保護者等に対する子育て支援の場合

地域の保護者等に対する子育て支援については、保育所が、自らのもてる資源を活用して行う場合もあれば、ふさわしい地域資源と協力する場合も考えられます。

■保育所の資源の活用

在園児の遊びに親子が加わって過ごせるように園庭を開放したり、栄養士や看護師等の専門性を活かして、離乳食講座や給食体験、おむつかぶれや感染症予防の講座、ふれあい動物園への招待など、その保育所の特色や地域のニーズなどに合わせた取組みを、保育所がもっている資源を積極的に活用して実施していきます。

メモ

■地域資源の活用

第３章第２節で説明されているように、例えば、絵本の読み聞かせやわらべうた、おもちゃの修理、野菜の栽培、生き物の飼育、盆踊りや餅つき、歯科衛生や歯磨きのコツ、予防接種や小児科病院の情報など、得意分野をもつ地域住民や、歯科医師、保健師等の専門家の協力を得て、地域の親子も参加できるようなプログラムを工夫することが考えられます。また、地域の児童館や公民館、地区センター、高齢者施設といった公共施設や、ショッピングモールや大型店舗を活用して、保育所から出かけていき、親子の遊びや児童文化財を紹介するなどの取組みも行われています。あるいは、市町村が企画する子育て関係のイベントで、不特定多数の親子を対象としてプログラムの一部やブースを保育所が担当することもあるでしょう。

■個別のニーズの発見

上述のようなさまざまな取組みに際しては、地域の主任児童委員、民生委員・児童委員、市町村の担当課職員等と密接な関係をもちながら、保育所や子育て支援施設同士の横の連携も図りつつ進めていくことで、個別のニーズを発見し、専門機関や専門職へつなぐことや、虐待を予防することが可能となります。また、反対に、市町村や児童相談所等の専門機関を通じて、保育所が地域の親子に遊びや出会いの場として紹介されることもあります。

■地域の保護者等に対する子育て支援の留意点

けがや事故の防止に十分配慮すること、万が一事故が発生した場合の対応や連絡方法を明確にしておくことは日常の保育と変わりません。さらに、日常の保育に支障をきたすことのないよう、保育士等の負担も考慮していく必要があります。そして、保育所が地域の子育て家庭にとって、身近な存在であること、すなわち、気軽に訪れて、ほかの親子との関係を築いたり、相談することができたりする安心感を与えられるよう、地域の親子の受入れについて、日常の保育と関連づけながら、日々考え工夫・改善していく必要があります。

メモ

地域資源の活用における成果と課題

最後に、関係機関との連携、地域資源の活用を実践していくうえでの成果と課題について考えてみましょう。

■連携の成果および可能性

まず、連携の成果についてですが、社会全体で子どもの育ちを支えていくという考え方に基づき、多くの機関の複数の人の目で子どもの育ちを見守り、家庭の抱える課題の解決を支えていけるというよさがあげられます。特に、さまざまな専門機関や専門家同士が連携を図ることにより、解決困難なケースにも、支援の可能性が広がる場合があるでしょう。保育所の立場からすれば、自分たちだけで課題を抱え、出口が見えなくなりがちな状況を、ともに担ってくれる仲間の存在があれば、こんなに心強いことはありません。さまざまな地域資源からの応援を得られることは、日常の保育を行っていくうえでも、大きな励みとなることでしょう。また、何よりも、当事者である子どもや保護者にとって、最もふさわしい支援のあり方を得られる可能性が生まれます。

■機関連携・地域連携上の課題

しかし、反面、連携には課題もあるのが実状です。保育所から専門機関に相談をもちかけても押し返される現状を耳にすることがあります。子どもや家庭の状況の把握や保育所内での協議が不十分なまま相談をもち込まれても、対応協議が困難だということが理由として考えられます。ただし、その要因として、双方に「多忙」という現状があるということがいえるのではないでしょうか。あるいは、従来の縦割り行政の考え方から、先にどちらがどちらへ連絡を取るかなど、依頼手順に齟齬が生じている場合もあるようです。

また、母子保健対応、医療対応、福祉サービス対応、そして保育における援助や支援など、それぞれの専門領域の違いから、考え方やアプローチの仕方・方法などに食い違いが発生し、連携機関内での共通理解や合意が形成されにくい場合が出てきます。

考えや思いの食い違いは、専門機関に限らず、インフォーマルな資源との連携

メモ

を図ろうとする場合にも、当然起こり得ることです。連携関係が、良好に機能していくためには、連携関係の調整を図り、親子への支援を前に進めていくイニシアチブを誰がどのように担っていくかという問題があるのです。連携関係をもつ機関や組織、人材等が、よりよいチームとなり、チームとしての力を発揮するためには、どのようなチーム運営がふさわしいか、個々の事例に即して、対応していく必要があります。何よりも、当事者である親子が、さまざまな地域資源の間でたらい回しにされるような事態は避けなければなりません。そのためにも、家庭に一番近いところで親子の様子を日々見守っている保育所の果たす役割が期待されると同時に、その声が連携関係のなかで活かされることが望まれます。保育所保育の専門性と保育士等の専門性が、広く社会に認知されるよう努めていくことも連携のためには、大切なことといえるでしょう。

メモ

まとめの演習

個別の配慮を必要とした事例をもち寄り、「地域資源の活用」という側面からみた現状と改善点を考えてみましょう。

開かれた保育所として外部の機関や組織、人材等とネットワークを構築していくうえで、ミドルリーダーが果たすべき役割について整理しましょう。その際、具体的にどのようなことをすでに行っていて、今後、実現可能であるのはどのようなことか、改善のために何から着手するかについて、考察しましょう。

メモ

<引用文献>
1）榊原智子「第4部第1章　時代が求める『子育ての社会化』」汐見稔幸編集代表『子育て支援の潮流と課題』子育て支援シリーズ第1巻、ぎょうせい、239 ～ 264 頁、2008 年
2）中村強士「保育所保護者への調査からみえた貧困――解決策としての保育ソーシャルワーカーの配置」秋田喜代美・小西祐馬・菅原ますみ編著『貧困と保育』かもがわ出版、95 ～ 112 頁、2016 年
3）東京都中央区立有馬幼稚園・小学校、秋田喜代美『幼小連携のカリキュラムづくりと実践事例』小学館、20 ～ 28 頁、2002 年
4）平松知子「第2章　人生最初の6年間で育めるもの」秋田喜代美・小西祐馬・菅原ますみ編『貧困と保育』かもがわ出版、53 ～ 75 頁、2016 年
5）平松知子「STEP 7　すべての子どもへの見守りと支援　ようこそ！保育所に」松本伊智朗・湯澤直美・平湯真人・山野良一・中嶋哲彦編著『子どもの貧困ハンドブック』かもがわ出版、112 ～ 115 頁、2016 年
6）中谷奈津子・鶴宏史「第8章　生活課題を抱える保護者への支援プロセス」中谷奈津子・鶴宏史・関川芳孝編著『OMUP ブックレット No.61　保育所・認定こども園における生活課題を抱える保護者への支援――大阪府地域貢献支援員（スマイルサポーター）制度を題材に』大阪公立大学共同出版会、38 ～ 40 頁、2018 年
7）土谷みち子「第8章 地域の他の専門職や関係機関との協働」日本保育学会編『保育学講座5　保育を支えるネットワーク　支援と連携』東京大学出版会、157 ～ 175 頁、2016 年
8）北野幸子「保育のキーワード解説：家庭・地域との連携」『保育ナビ』12 号、48 頁、2018 年

<参考文献>
1．子育て支援関係
橋本真紀『地域を基盤とした子育て支援の専門的機能』ミネルヴァ書房、2015 年
寺見陽子編著『子育ち・子育て支援学』保育出版社、2011 年
那須信樹編著『家族援助論』保育出版社、2006 年
渡辺顕一郎・橋本真紀編著『詳解 地域子育て支援拠点ガイドラインの手引（第3版）』中央法規出版、2018 年
橋本真紀・奥山千鶴子・坂本純子編著『利用者支援事業のための実践ガイド』中央法規出版、2016 年
2．相談支援関係
柏女霊峰・橋本真紀『保育者の保護者支援』フレーベル館、2008 年
柏女霊峰・橋本真紀編著『保育相談支援』ミネルヴァ書房、2011 年
大嶋恭二・金子恵美編著『保育相談支援』建帛社、2011 年
伊藤嘉余子『相談援助』青踏社、2013 年
青木紀久代編著『実践・保育相談支援』みらい、2015 年
大方美香「第9章 保育臨床相談の新たな動向」日本保育学会編『保育学講座5　保育を支えるネットワーク　支援と連携』東京大学出版会、177 ～ 192 頁、2016 年
吉岡京子編著『地域における支援困難事例 15』医学書院、2016 年

メモ

３．保育ソーシャルワーク関係
鶴宏史『保育ソーシャルワーク論』あいり出版、2009年
伊藤良高・永野典詞・中谷かおる『保育ソーシャルワークのフロンティア』晃洋書房、2011年
橋本好市・直島正樹編著『保育実践に求められるソーシャルワーク』ミネルヴァ書房、2012年
土田美世子『保育ソーシャルワーク支援論』明石書店、2012年
相澤仁・宮島清編『家族支援と子育て支援 ファミリーソーシャルワークの方法と実践』明石書店、2013年
日本ソーシャルワーク学会編『保育ソーシャルワークの世界』晃洋書房、2014年
永野典詞・岸本元気『保護者支援 保育ソーシャルワークで学ぶ相談支援（新版）』風鳴舎、2016年
川村隆彦・倉内惠里子『保育者だからできるソーシャルワーク』中央法規出版、2017年
４．子どもの貧困関係
秋田喜代美・小西祐馬・菅原ますみ『貧困と保育』かもがわ出版、2016年
松本伊智朗・湯澤直美・平湯真人・山野良一・中嶋哲彦編著『子どもの貧困ハンドブック』かもがわ出版、2016年
山野良一『子どもの最貧国・日本』光文社新書、2008年
阿部彩『子どもの貧困』岩波新書、2008年
日本財団子どもの貧困対策チーム『子供の貧困が日本を滅ぼす』文春新書、2016年
平松知子『発達する保育園大人編 大人だってわかってもらえて安心したい』ひとなる書房、2012年
末冨芳編著『子どもの貧困対策と教育支援 より良い政策・連携・協働のために』明石書店、2017年
「特集：いま、子どもの貧困を考える」『発達』ミネルヴァ書房、2017年
５．その他
「特集：保育の場で「対話」を考える」『現代と保育』72号、2008年
「特集：地域で育てるということ」『現代と保育』73号、2009年
福祉職員キャリアパス対応生涯研修課程テキスト編集委員会編『福祉職員キャリアパス対応生涯研修課程テキスト 中堅職員編』全国社会福祉協議会、2016年

＜おすすめの書籍＞
寺見陽子編著『子育ち・子育て支援学』保育出版社、2011年
柏女霊峰・橋本真紀『保育者の保護者支援』フレーベル館、2008年
柏女霊峰・橋本真紀編著『保育相談支援』ミネルヴァ書房、2011年
永野典詞・岸本元気『保護者支援 保育ソーシャルワークで学ぶ相談支援（新版）』風鳴舎、2016年
川村隆彦・倉内惠里子『保育者だからできるソーシャルワーク』中央法規出版、2017年
秋田喜代美・小西祐馬・菅原ますみ編『貧困と保育』かもがわ出版、2016年
末冨芳編著『子どもの貧困対策と教育支援 より良い政策・連携・協働のために』明石書店、2017年

メモ

「特集：保育の場で「対話」を考える」『現代と保育』72 号、2008 年
「特集：地域で育てるということ」『現代と保育』73 号、2009 年
渡辺顕一郎・橋本真紀編著『詳解 地域子育て支援拠点ガイドラインの手引（第 3 版）』中央法規出版、2018 年
長島和代ほか『日常の保育を基盤とした子育て支援――子どもの最善の利益を護るために』萌文書林、2018 年
武田信子『保育者のための子育て支援ガイドブック――専門性を活かした保護者へのサポート』中央法規出版、2018 年
全国社会福祉協議会『気づく　かかわる　つなげる――保育者のための子どもと保護者の育ちを支えるガイドブック』2017 年
掛札逸美・加藤絵美『「保護者のシグナル」観る・聴く・応える――保育者のためのコミュニケーション・スキル』ぎょうせい、2013 年
橋本真紀・奥山千鶴子・坂本純子編著『地域子育て支援拠点で取り組む利用者支援事業のための実践ガイド』中央法規出版、2016 年
松本伊智朗編集代表、小西祐馬、川田学編著『子どもの貧困シリーズ 2　遊び・育ち・経験　子どもの世界を守る』明石書店、2019 年
吉住孝弘、川口洋誉、鈴木晶子編著『子どもの貧困と地域の連携・協働　〈学校とのつながり〉から考える支援』明石書店、2019 年

メモ

資料

資料1 地域や関係機関の専門職

表 保護者に対する子育て支援にかかわる保育士以外の福祉・心理・医療等の専門職

職　名	資格・職務など
民生委員・児童委員	民生委員は、児童福祉法に定める児童委員を兼務。給与支給はなく、ボランティアで活動。任期は3年。再任可。市町村に設置された民生委員推薦会によって都道府県知事に推薦され、知事より厚生労働大臣に推薦。民生委員法により厚生労働大臣から委嘱された非常勤の地方公務員である。市町村ごとに定数があり、担当区域において医療や介護、妊娠や子育て、失業や経済的困窮等のさまざまな相談に応じている。
主任児童委員	1994（平成6）年1月より制度化。子どもや子育てに関する支援を専門に担当する民生委員・児童委員のこと。それぞれの地域において、児童の福祉に関する機関と児童委員（主任児童委員である者を除く）との連絡調整を行うとともに、民生委員・児童委員と連携しながら子育て支援や児童健全育成活動に取り組む。
児童福祉司	児童福祉法第13条に定められており、児童相談所において児童の保護や児童の福祉に関する事項について相談に応じ、必要な指導等を行う。都道府県知事の補助機関として任用資格に基づき配置される。
児童心理司	児童相談所ではたらく心理判定員と呼ばれる任用資格であり、心理学の知識に基づき、虐待や養育上の負担、発達上の課題などについて、医師や児童福祉司などの医療・福祉の専門職員と連携を図りながら、児童やその保護者の状況を把握するための面談や心理検査や診断面接等を行い、それらに応じた心理療法やカウンセリングを実施する。
看護師	保健師助産師看護師法第5条において、「厚生労働大臣の免許を受けて、傷病者若しくはじよく婦に対する療養上の世話又は診療の補助を行うことを業とする者」と規定されている。医師による診療や治療を補助し、患者の精神的なケアにあたる。介護施設や企業、保育所等、病院以外でも活躍している。
保健師	保健師助産師看護師法第2条において、「厚生労働大臣の免許を受けて、保健師の名称を用いて、保健指導に従事することを業とする者」と規定されている。保健師国家試験および看護師国家試験の両方に合格しなければならない。病気予防や健康増進・健康管理のための保健指導や相談、乳幼児の健康診査、発達相談、両親学級、訪問指導等を行う。
助産師	保健師助産師看護師法第3条において、「厚生労働大臣の免許を受けて、助産又は妊婦、じよく婦若しくは新生児の保健指導を行うことを業とする女子」と規定されている。助産師国家試験および看護師国家試験の両方に合格しなければならない。大学病院や総合病院の産婦人科や診療所、助産院、地域の保健センター等において、妊婦の健康管理、生活指導、分娩、出産後の体調管理、母乳指導等、妊娠から出産、育児に至るまで指導・相談を行う。
栄養士	栄養士法第1条第1項において、「都道府県知事の免許を受けて、栄養士の名称を用いて栄養の指導に従事することを業とする者」と規定されており、病院、福祉施設、学校、保育所、幼稚園、企業の社員食堂等で、食事の提供や給食業務にかかわる。献立の作成、食事指導、バランスのとれた食生活に関する栄養指導、そして、調理などを行う。
理学療法士	理学療法士及び作業療法士法第2条第3項において、「厚生労働大臣の免許を受けて、理学療法士の名称を用いて、医師の指示の下に、理学療法を行なうことを業とする者」と規定されている。病気や事故などにより、身体に障害や不自由さを抱える人や、身体機能が衰えた高齢者などに対しリハビリテーションを行い、身体機能の回復を援助する。
作業療法士	理学療法士及び作業療法士法第2条第4項において、「厚生労働大臣の免許を受けて、作業療法士の名称を用いて、医師の指示の下に、作業療法を行なうことを業とする者」と規定されている。日本作業療法士協会によれば、人の日常生活にかかわるすべての諸活動を「作業」と呼び、病気やけが、障害、高齢などにより日常生活への支援が必要なすべての人に対して、基本的動作能力をはじめ、その人が必要とする生活能力の開発や手段の獲得を支援するとされる。医療、福祉、介護、保健、教育、職業等の各領域で活躍している。
言語聴覚士	言語聴覚士法第2条において、「厚生労働大臣の免許を受けて、言語聴覚士の名称を用いて、音声機能、言語機能又は聴覚に障害のある者についてその機能の維持向上を図るため、言語訓練その他の訓練、これに必要な検査及び助言、指導その他の援助を行うことを業とする者」と規定されている。1999（平成11）年に第1回目の国家試験が開始され、厚生労働大臣による免許が必要とされる。日本言語聴覚士協会によれば、病気や交通事故、脳卒中後の失語症、聴覚障害、ことばの発達の遅れ、声や発音の障害など言葉によるコミュニケーションの問題に対して、その対処法を見出すための検査・評価を実施し、必要に応じて訓練、指導、助言、その他の援助を行うとされる。
公認心理師	公認心理師は公認心理師法（2017（平成29）年9月全面施行）にもとづく新しい国家資格である。保健医療、福祉、教育その他の分野において、心理学に関する専門的知識及び技術をもって、心理に関する支援を要する者の心理状態を観察し、結果を分析する、当事者や関係者の相談に応じ、助言、指導その他の援助を行い、心の健康に関する知識の普及を図るための教育及び情報の提供を行う。
臨床心理士	臨床心理士は、1988（昭和63）年に第1号が誕生。臨床心理学など心理学の知識や諸技法を用いて、心理的な課題を抱える人に専門的な援助を行う。文部科学省の認可を受けた（公財）日本臨床心理士資格認定協会が認定し、資格取得後も5年ごとに資格更新審査が行われる。面接や心理検査、心理面接のほか、地域援助、研究などを行う。同様の専門職に、心理カウンセラー、サイコセラピスト、心理士、心理相談員などがある。
社会福祉士	社会福祉士及び介護福祉士法第2条第1項において、「社会福祉士の名称を用いて、専門的知識及び技術をもつて、身体上若しくは精神上の障害があること又は環境上の理由により日常生活を営むのに支障がある者の福祉に関する相談に応じ、助言、指導、福祉サービスを提供する者又は医師その他の保健医療サービスを提供する者その他の関係者との連絡及び調整その他の援助を行うことを業とする者」と規定されている。厚生労働大臣が指定した試験機関による国家試験に合格することにより、国家資格を取得できる。

巡回相談員	学校、保育所、幼稚園等で特別に支援を必要とする子どもに対して、必要に応じて専門的な知見を提供しつつ、保育者とともに障害児や“気になる子”の保育について考える相談活動である。校内委員会や園内委員会への参加と助言、心理検査の実施や結果の説明、授業や保育のなかでの特別支援のあり方についての具体的な助言などを行う。なお、2012（平成 24）年施行の児童福祉法改正により創設された「保育所等訪問支援」事業では、保護者からの依頼に基づき、障害児支援に関する知識および相当の経験を有する児童指導員、保育士、理学療法士、作業療法士、心理担当職員等により、集団生活への適応のため専門的な支援を行う。
母子・父子自立支援員	母子及び父子並びに寡婦福祉法第 8 条において、都道府県知事、市区長および福祉事務所を管理する町村長は、社会的信望があり職務を行うに必要な熱意と識見をもっている者のうちから、母子・父子自立支援員を委嘱するものとすると規定されている。主な職務は、相談、自立に必要な情報提供および指導、職業能力の向上および求職活動に関する支援などを行うことである。
利用者支援専門員	利用者支援事業の「基本型」では、子育て家庭や妊産婦が、教育・保育施設や地域子ども・子育て支援事業、保健・医療・福祉等の関係機関を円滑に利用できるように、身近な場所での相談や情報提供、助言等必要な支援を行うとともに、関係機関との連絡調整、連携・協働の体制づくり等を行うとされる。また、「特定型」では、子育て支援員基本研修および専門研修（地域子育て支援コース）の「利用者支援事業（特定型）」の研修を修了している者が望ましい、とされている。
家庭的保育者	児童福祉法改正により、2010（平成 22）年 4 月より家庭的保育事業が法定化され、5～6 人を上限とした小集団での保育形態で、家庭福祉員、保育ママなど自治体により異なる呼称の保育者が従事している。
子育て支援員	国で定めた「基本研修」および「専門研修」を修了し、実施主体による「子育て支援員研修修了証書」の交付を受け、小規模保育、家庭的保育、ファミリー・サポート・センター、一時預かり等の保育分野や、放課後児童クラブ、社会的養護、地域子育て支援など子ども・子育て分野に従事する。
児童指導員	児童福祉施設の設備及び運営に関する基準において定められ、児童養護施設や児童発達支援センター、放課後等デイサービス、児童相談所の一時保護所等において、保育士や指導員その他の職員と並んで配置され、個別の支援あるいはサービス計画を作成し、児童の生活全般にわたる指導や発達支援を行う。
家庭相談員	福祉事務所内の家庭児童相談室において、児童相談所等との連携の下、地域の子どもの福祉に関して幅広く相談援助を行う。
母子支援員	母子支援員（旧・母子指導員）は、児童福祉施設の設備及び運営に関する基準に基づき、母子生活支援施設において、配偶者（夫）との離婚や死別によって困窮したり、配偶者による暴力などで家を出ざるを得なくなったりした 18 歳未満の子どもをもつ女性に対して、自立のための就職支援や育児相談、法的な手続きや福祉事務所など関係各機関との連絡調整などを行う。
児童厚生員	児童福祉法に基づく児童遊園や児童館等の児童厚生施設の専門職員であり、健全な遊びを与えてその健康を増進し、情操を豊かにすることを目的として、児童の遊びを指導する役割を担う。
特別支援教育コーディネーター	学校教育法の改正により、2007（平成 19）年 4 月から特別支援教育が施行され、各学校の校長は、特別支援教育のコーディネーター的な役割を担う教員を特別支援教育コーディネーターに指名し、校務分掌に明確に位置づけることとされた。特別支援教育コーディネーターは、各学校における特別支援教育の推進のため、主に、校内・園内委員会や校内・園内研修の企画・運営や、校内・園内と福祉・医療等の関係機関との間の連絡調整役として、また、保護者に対する窓口として、校内や園内の関係者や関係機関との連携協力の強化を図る役割を担う。

資料 2 生活課題の早期発見の視点

表 1 生活課題の早期発見の視点（子どもの様子）

項　目	内　容
不衛生である	異臭・悪臭がする。爪が伸びている。何日も同じ服を着ている。季節に合わない服を着ている。虫歯が多い・増えてきた。
食行動が変化する	給食やおやつをむさぼるように食べたり、何度もおかわりをしたりする。
感情の起伏が激しくなる	情緒不安定である（急に怒ったり泣いたりする）、あるいはよく泣いている。何かに怯えていたり、びくびくしている。
不自然なケガが増える	不自然な（理由が曖昧な）傷・アザがある、頻繁にケガをする。
意欲が低下する	元気がない（ふさぎ込んでいる、暗い表情、笑顔がない）。意欲が低下したり、無気力になったりする。無表情・表情が乏しい。集中力が低下したり、落ち着きがなかったりする。
攻撃的な行動が増える	イライラしている。言動が乱暴・攻撃的である（言葉遣いが悪い、すぐにきれる、すぐに暴力をふるうなど）。他児との関係不良。
子どもから家庭の深刻な状況を聞く	子ども自身が家庭の状況を言う、子どもとの話の内容から家庭の深刻な状況が推測できる。
成長・発達が見られない	身体発育の不良（低体重、低身長、体重増加不良）が見られる。言葉の遅れなどがあるように思われる。
過剰に甘えるようになる	必要以上に甘えたり、保育者を独占しようとしたりする。
何らかの身体症状が現れる	チック、脱毛、自傷などの何らかの身体症状が見られる。
保護者をかばう言動をとる	保護者をかばう言動をとる。

出典：中谷奈津子・鶴宏史「第 8 章　生活課題を抱える保護者への支援プロセス」中谷奈津子・鶴宏史・関川芳孝編著『OMUP ブックレット No.61　保育所・認定こども園における生活課題を抱える保護者への支援――大阪府地域貢献支援員（スマイルサポーター）制度を題材に』大阪公立大学共同出版会、40 頁、2018 年

表 2 生活課題の早期発見の視点（保護者の様子）

項　目	内　容
身だしなみが変化する	身だしなみが変化（衣服の乱れ、衣服・化粧などが派手になった、髪の乱れ、化粧をしなくなった）。
保育者との関係が不良である	保育者と関わりたがらない（話をしない・話を聞かない、目を合わさない）。保育者への風当たりが強い、理不尽な苦情・要求をする。
必要経費の滞納が続く	保育料などの必要経費の支払いが遅れる、あるいは支払いをしない。
送迎時の様子が変化する	送迎時間が遅れたり、不規則になったりする。あるいは迎えに来ない。送迎者が保護者以外になった。
身体の不調が見られる	元気がない、疲れている、やつれている。体調がよくない、何らかの疾病がある（極度にやせてきたなど）。
精神的な不調が見られる	精神状態が不安定・情緒が乱れている（イライラしている、不安がある、怯えている、表情が乏しい、おろおろしている）。
忘れ物が増える	忘れ物が多い、忘れ物が増える、提出物を出さない。
子どもを登園させなくなる	子どもを登園させない、子どもが病気でないのに休ませる。
子どもへの暴言・暴力がある	子どもに対する厳しい対応が見られる（子どもに対してイライラしている、子どもを激しく怒る、子どもへの暴言・暴力）。
不衛生である	清潔さがない（衣服の汚れなど）。
保護者に傷やアザが頻繁に見られる	保護者に傷やアザがある。保護者自身の傷やアザを隠そうとしている。
連絡帳の無記入が続く	連絡帳が無記入であったり、連絡事項に反応がない。
子どもの養育に対して無関心である	子どもに関心がない、あるいは子どものことを把握していない。子どもが病気になっても通院してくれない。
他の保護者との関係が不良である	他の保護者から孤立している、他の保護者と関わろうとしない。

出典：表 1 と同じ

演習の進め方

演習の方法

演習実施のポイント

本テキストは、「監修のことば」にあるように、キャリアアップ研修で受けた内容が園内研修にも活用されることを願っています。したがって、すべての巻を通じて、執筆者一同が知恵を出し、さまざまな形態の演習を盛り込んで内容を構成しました。受講生の皆さんは、本テキストを通じてさまざまな形態の演習を体験してください。そして、園内に帰ったときには、あなたが中心になって園内研修を進めていくことを望みます。

ここでは演習の基本的な進め方のポイントを紹介します。キャリアアップ研修を担当する講師の方は、テキストに出てくる演習課題を実施するうえでの参考にしてください。受講生の皆さんは、園内研修を進めるときに活用してもらいたいと思います。

個人で行う演習

テキストに掲載されている演習のうち、受講生が各自で行うものがあります。園内研修においても、保育士等が各自で実践を整理することがあるでしょう。個々人で行う演習の多くは、グループで話し合う前の準備として行われます。したがって、個々人で行う演習を有効に進めることは、その後のグループでの話し合いの効果を高めるためにも重要です。ここでは、「目的の伝達」「手順の明示」「まとめ」の順に、個々人で行う演習のポイントを示します。

◎目的の伝達

演習を実施する前に、「なぜその演習をする必要があるのか」を必ず伝えましょう。それがないなかで進めると、目的意識が不十分なままで中途半端な演習に終わってしまいます。その後にグループでの話し合いがある場合には、なおさら個々人の演習の充実が大切です。

個々人の演習においては、自身の経験を思い返し、整理できるようにすることが求められます。その整理された内容をもとに、グループでの話し合いを通じて、自身の経験の意味を問い直したり、別の視点から考えるきっかけを得たりできるようにつなげることが大切です。そのため、個々人の演習の目的を伝える際には、同時にその後グループで話し合うテーマも伝えておきましょう。

◎手順の明示

目的を伝達した後に、演習の内容とスケジュールを説明します。「何をどのぐらいの時間を使って行うのか」をホワイトボードや配布資料などを使って視覚化して明示しましょう。そうすることで演習の手順に見通しがもてますし、忘れたら確認しながら進めることができます。その際、個々人で演習にかかる時間に違いが生じることを想定します。早く終わった人には、次にグループで話し合うときの準備を意識してもらうなど、進捗状況を見ながら間延びしないような指示が出せるようにしておきましょう。

◎まとめ

演習を通して学んだことを整理して伝えます。演習中に全員の様子を見て、ほかの人の参考になりそうな意見や考えをメモしておきます。多様な視点からの解釈や分析を行った人たちに説明してもらったりしてもいいでしょう。また、隣同士や近くの人と演習の結果を共有する時間をもつのも有効です。

そして、演習の最後にどういったことを学んだか全体に話しましょう。その際、必ず事前に伝えておいた目的と対応させます。さらに、印象に残るような言葉やキーワードを入れて、学んだことを実感しやすいようにすると成果を実感しやすくなるでしょう。

複数（グループ）で話し合う演習

複数で進める演習の場合、「各自が感じたことや考えたことを話したけれど、トピックがバラバラでまとまりがなかった」「積極的に話が出なかったため、一人ずつ当てて順番に話をしていった」という状況は望ましくありません。そこで、次の項目について留意しましょう。

◎目的の伝達と素材の確認

まずは個々人の演習と同様に演習の目的を伝えます。その際、グループで話し合うときに使用する素材も同時に確認しましょう。使用する素材や教材は、演習によって異なります。個々人で持参したものもあれば、事前に個々人の演習を通して準備したものもあるでしょう。目的を伝える際には、その素材も用いて説明することでグループでの話し合いのイメージがつかみやすくなります。

例えば、「持参した記録や写真から子どもの気持ちを読みとるため」「先ほど個々人の演習で整理した内容をもとに、各自のこれまでの経験を共有し、多様な視点を知るため」など、丁寧に説明しましょう。グループのメンバーが目的を共有することが話し合いを有効に進める最初のステップです。

◎グループの人数と分け方

グループの人数は、１グループ３～６名程度の小グループが望ましいです。グループの分け方は、似た立場から話を深めるようなテーマであれば、同質性を重視して、担当クラス別、経験年数別など、共通項の多い者同士で構成します。一方、多様な意見から気づきを促すような演習のテーマであれば、異質性を重視して、共通項の少ない者同士を組ませるようにします。

◎アイスブレイクの方法

グループで話し合いをする際、緊張した雰囲気がある場合には、最初にメンバーの気持ちが和むようにアイスブレイクを用いることがあります。数分でできるものをいくつか紹介します。

①後出しジャンケン

「ジャンケン、ぽん、ぽん、ぽん」のかけ声で行う。先出しの人は最初の「ぽん」でグー・チョキ・パーのいずれかを出す。後出しの人は、それに合わせて、２番目の「ぽん」で「あいこ」になるものを、最後の「ぽん」で「負け」になるものを出す。

②特徴を記憶しよう

グループで円になって順番を決める。1人目の人が、名前と趣味を言う。2人目の人は、1人目の人の特徴を含めて、「○○が趣味の◇◇さんの隣の」の後に自分の名前と趣味を言う。そのようにして、メンバーの特徴をつなげていき、どこまで覚えていられるか挑戦する。
＊「趣味」の部分は、誕生日、担当クラス、好きな食べ物などに変えたり、増やしてもOK。

③共通項を見つけよう

グループに分かれて簡単な自己紹介をした後、3〜5分の時間を取り、メンバーの共通項を考えられるだけあげてもらう。いくつかのグループに何個の共通項が見つかって、どのような内容だったかを発表してもらう。
＊見つける時間は、人数によって調整する。

◎手順の明示と演習の役割分担

個々人の演習のときと同様に、手順を視覚化して明示します。複数での話し合いの手順としては、①話し合いの時間、②記録をまとめる時間、③全体に向けて報告する時間、の三つに分けられます。それぞれに要する時間と全体のスケジュールを伝えます。ただし、スケジュールどおりにいくのがよいのではなく、受講生の状況をみてそのつど柔軟に考える視点も大切にしましょう。また、話し合いの時間に入る前には必ず話し合いのテーマを強調しましょう。

そうすることで、話が横道にそれることを防ぎます。さらに、話し合いの際の役割分担も決めます。主には、司会、記録者、発表者の三つです。

司会は、発言者が偏らないように配慮しながら話し合いを進めます。場を和ませる必要を感じた場合、アイスブレイクを入れて参加者の緊張をほぐします。進め方のポイントは、クローズドクエスチョン（「はい」か「いいえ」で答えられるような質問）から始めて、オープンクエスチョン（「5W1H」を入れて相手が自由に返答できる質問）に移行することです。最初に、答えやすいクローズドクエスチョンで発言しやすい雰囲気にしたうえで、感情や考えを引き出すオープンクエスチョンに変えると、話し合いがスムーズに進むことが多いです。

記録者は、話し合いの内容を記録します。基本的には、時系列で誰がどういった発言をしたのかを要約して記録しましょう。その際、疑問に思ったことや発言内容の意図がわかりにくかった場合などは、そのつど発言者に確認しましょう。記録をまとめる時間では、話し合われた内容を概略して、グループのメンバーに投げかけます。メンバーの意見を聞きながら、自分の概略が妥当かどうか確認しましょう。

発言者は、記録をまとめる時間を通して、発表時間に合わせて何を発表するのかを整理し、グループのメンバーに確認しましょう。発表の際には、最初に発表のテーマ（主に○○のことが話し合われました）を簡潔に言い、その後に具体的な内容（例えば、△△のときには…）を話すと要点を聞き取りやすくなります。冗長にならないように留意して報告しましょう。

◎まとめ

演習を取りまとめる際、全体に向けての報告の時間のもち方を考えます。全グループが報告することが望ましいですが、時間に合わせて報告してもらうグループ数を決めましょう。報告するグループを選択する場合は、話し合いの時間でどのグループがどのような話し合いをしたのかをおおまかに把握しておくことが必要です。報告は1グループ3～5分程度で短く行うよう伝えます。

グループからの報告を受けた後、まとめを伝えます。ポイントは個々人の演習と同様です。しかし、複数での話し合いの場合、各グループで模造紙等を使いながら話し合いを進める演習もあります。その際には、それらをホワイトボードに貼り、そこにコメントを書き入れるなど、演習の方法によっては視覚化することも考えておきましょう。

さまざまな演習形態

ここでは、保育現場でよく実践されている園内研修について、その概要を紹介します。園内研修では、話し合いの目的によって、形態を考えます。各自の考えを広く伝え合うことを目的とする場合、自身の保育の枠組みを問い直す場合、意見をまとめて結論を導き出す場合、など、そのときの園内研修で何を主な目的とするのか事前に設定しておきましょう。

以下は、グループ等で進める際に参考となるいくつかの例示です。実際には、ここであげられたものにとどまらず、多様な方法があり、講師によって、同じ演習内容でもいろいろな創意工夫があってもいいものです。このことを念頭においたうえで、実際の参考としてください。

◎付箋を使った研修

① KJ 法

KJ 法は、集団でアイデアを創出する発想法の一つです（川喜田、1967）。まずは、模造紙、付箋、マジックを準備します。そして、①カードの作成、②グループ編成、③図解化の手順で進めます。まず、各自がそのテーマに関して思いつくアイデアを一つにつき一つの付箋にすべて書き出します。次に、数多くのカードのなかから似通ったものをいくつかのグループにまとめ、それぞれのグループに見出しをつけます。最後に、すべての付箋を概観して類似の意味のもの同士をグループ化し、グループ同士の関係性を図解化します。その図を見ながら、話し合いの結果を全員で確認します。

KJ 法は、付箋に書き出すという作業を通して話し合いにつなげることにより、全員の意見を反映し、集約できることが最大の利点といえます。

②園内マップの活用

園内マップの活用では、まず園内の図面を大きめの模造紙に印刷します。次に参加者が付箋を貼りながら話し合いをして保育環境の見直しをします。話し合いのテーマを「遊び」にした場合、各自が園内の図面上にその場所で誰がどのような遊びをしていたかを付箋に書いて貼っていきます。その際、クラスで付箋の色を分けておくと、どのような環境でどのクラスの子どもがどのような遊びをしていたかがわかります。そうして園内での遊びを俯瞰した後、保育環境の見直しを話し合います。同様に、「安全」をテーマにするなど、保育環境について全員で見直しがしたい場合に役立つ方法です。

◎写真を使った研修

①ドキュメンテーション

レッジョ・エミリア・アプローチによって広く知られるドキュメンテーションは、子どもの活動や表現に至るプロセスを可視化するために写真等を用いた記録を指します。保育士等はデジタルカメラを使用して、日々の子どもたちの活動を写真に撮ります。その写真を印刷してコメントを添え、子どもや保護者が見られるように掲示し、対話のきっかけにします。

その記録を園内の話し合いに活用します（請川ら、2016）。まず、ドキュメンテーションの作成者が、撮影した写真について、その子どもや遊びなどに対する読み取りを説明します。その後、ほかの保育士等がその読み取りに関する考えや印象に残った場面について、気づいたことや考えたことを話し合います。その際、掲示したドキュメンテーションをきっかけに子どもや保護者と対話した内容を含めるなど、多様な視点から子ども理解や遊び理解を考えるとより深まるでしょう。

② PEMQ（写真評価法）

PEMQ（Photo Evaluation Method of Quality）は、写真を用いた保育環境の改善に関する研修方法の一つです（秋田ほか、2016）。手順は、「保育室の環境でいいなと感じたものを写真に撮る」「空き時間を利用し、3～4人のグループでその写真がなぜよかったのか、何が学べるかを話し合う」というものです。

PEMQは、時間がないなかでも行えること、写真により物理的な配置や雰囲気などが伝わりやすいこと、撮影者が気づかなかった観点を見出せることなどの利点があります。

◎映像を使った研修

○日本版SICS（子どもの経験から振り返る保育プロセス）

SICSは、子どもの安心度（well-being）と夢中度（involvement）の二つの側面から保育の質を自己評価して、改善を図ろうとする方法です。日本版SICSでは、下記の三つの段階を経て保育の質の改善に取り組む園内研修が行われています（秋田ほか、2010）。

まず、一定時間の保育場面の映像を視聴し、観察者のエピソードの説明と5段階でつけた安心度、夢中度の評定とその理由を聞きます。次に、安心度と夢中度が高かった、もしくは低かった理由について、「豊かな環境」「集団の雰囲気」「自発性の発揮」「保育活動の運営」「大人のかかわり」の五つの観点から分析します。最後に、保育全体のチェックとして、「豊かな環境」「子どもの主体性―自由と参加―」「支援の方法―保育者の感性とかかわり―」「クラスの雰囲気―集団内の心地よさ―」「園・クラスの運営」「家庭との連携」の六つの視点、64のチェック項目を点検し、具体的に改善する事項を決定します。

SICSを使った園内研修では、ほかの保育士等が子どもや保育を評定する際の基準や理由がわかり、保育全体の視点から改善を行うことができます。

◎記録を使った研修

①エピソード記述

エピソード記述は、「出来事を外側から眺めて客観的に描く」という従来の保育記録とは異なります。単に出来事のあらましを描くのではなく、保育士等の目や身体を通して得た経験を保育士等の思いをからめて描きます（鯨岡、2005）。

園内研修では、「背景」「エピソード」「考察」の三つから構成されたエピソード記述を使用します。手順としては、「保育実践」「エピソード記述の作成」「カンファレンス」「エピソード記述の書き直し」「保育実践」という循環で行います。エピソード記述は、保育士等自身の経験を描くため、保育士等の子ども理解の枠組みが意識化されやすいという特徴があります。また、カンファレンスの後にエピソード記述を書き直すことで、子ども理解の枠組みの変容を意味づけることが可能であるとされています（岡花ら、2008）。目的に応じて最初に役割を決めるのか、最初は皆が自由に話してから決めていくのかも、講師がねらいや状況をみて判断しましょう。

②ウェブ型記録

ウェブ型記録とは、子どもの興味の広がりを蜘蛛（くも）の巣状に表す記録のことです。妹尾（2016）は、次の手順でウェブ型記録の作成と園内研修を進めています。

ウェブの中心に、その時点で子どもが興味をもっている内容（トピック）を記入し、そこからつながりがある内容を線で結びます。さらに今後、興味がどう広がるかを予測して記入しながら、事前に用意したい環境（素材など）や道具、保育士等の言葉かけなどを検討します。そして、実際の生活や遊びを通して子どもの興味が広がったり変化したりするたびに、ウェブに赤色で記入していきます。

このように話し合いを進めるなかで、子どもの興味を中心にした保育を考えることができます。活動の展開が保育士等の予測通りだった場合には、保育士等のはたらきかけが強すぎたのではないかと反省材料にもして再び話し合います。

③パターンランゲージ

パターンランゲージとは、成功している事例やその道の熟練者に繰り返しみられる共通「パターン」を抽出し、抽象化を経て言語（ランゲージ）化して、よい実践の秘訣を共有するための方法です。

井庭ら（2019）は、園づくりにおけるミドルリーダーの秘訣を27個の「ことば」にまとめ、そのことばを用いた研修の方法を提示しています。例えば、一つの「ことば」について、参加者の経験談を気軽に語り合うことや、その「ことば」に向かう園づくりのアイデアを園内の保育士等で話し合うことが考えられます。

◎その他

①ロールプレイ（役割演技）

ロールプレイは、一つの状況を設定し、メンバーに別の人を演じてもらうことによって、その人の立場になって物事を考えることを促します。子どもや保護者への対応、あるいは園内での同僚との関係を見直す際に有効と考えられます。

進め方としては、最初に各自に役柄カードを配布し、自分の役割を確認します。次に、役柄カードに沿って、その役柄を演じ、意見を言います。そして、各登場人物はどのような考えだったのか、参加者全員で話し合います。最後に、解決策について、全員で話し合います。

ロールプレイは、何かの課題に対して、他者の立場からの見方を実感し、別の視点から改善を目指すことができます。

②ワールド・カフェ

ワールド・カフェとは、カフェのようなリラックスした雰囲気のなかで、少人数に分かれたテーブルで自由な対話を行い、ほかのテーブルとメンバーをシャッフルして対話を続けることにより、参加した全員の意見や知識を共有することができる方法の一つです。手順は、①グループ構成とホスト役の決定、②話し合いの循環、③全体での共有、です。

まず、参加人数を均等割りにしてグループをつくります。そして各グループで1人、ホスト役を決定します。次に、話し合いのテーマについて、各グループで一定時間話し合います。その後、ホストだけを残してほかのメンバーは別のテーブルに移動します。その新しいグループのなかで、残っていたホストが自分のグループで話し合われた内容を説明し、移動してきたメンバーも自分のグループで話し合われた内容を紹介し、つながりを考えます。その後、移動したメンバーが再び元のグループに戻り、各自得たアイデアを紹介し合いながら、再度話し合いを行います。最後に、各グループでの話し合いの後、ホストが中心になって全体でのアイデアの共有を行います。

ワールド・カフェは、幅広い問いが設定できることが利点です。そのため、これまでの思い込みを気づかせるようなもの、発想を促すもの、自分のこととして考えられるようなものを提示することで、広い観点からの議論が期待できます。

＜参考文献＞

秋田喜代美・湘北福祉会あゆのこ保育園『秋田喜代美の写真で語る保育の環境づくり――やってみませんか、写真でとらえる、写真でかたる、写真とともにつたえる、子どもと環境についての園内研修』ひかりのくに、2016年

川喜田二郎『発想法――創造性開発のために』中央公論社、1967年

鯨岡峻『エピソード記述入門』東京大学出版会、2005年

中坪史典「園内研修における質的アプローチの活用可能性――KJ法とTEMに着目して」『広島大学大学院教育学研究科紀要第三部』第64号、129～136頁、2015年

岡花祈一郎・杉村伸一郎・財満由美子・松本信吾・林よし恵・上松由美子・落合さゆり・山元隆春「「エピソード記述」による保育実践の省察――保育の質を高めるための実践記録と保育カンファレンスの検討」『広島大学学部・附属学校共同研究紀要』第37号、229～237頁、2008年

秋田喜代美・芦田宏・鈴木正敏・門田理世・野口隆子・箕輪潤子・淀川裕美・小田豊、「保育プロセスの質」研究プロジェクト作成『子どもの経験から振り返る保育プロセス 明日のより良い保育のために』幼児教育映像制作委員会、2010年

請川滋大・高橋健介・相馬靖明編著『保育におけるドキュメンテーションの活用』ななみ書房、2016年

妹尾正教「園としての哲学を共有し保育者間の対話を促して園全体で育ち合う風土をつくる」『これからの幼児保育』2016年度夏号、2016年

井庭崇・秋田喜代美編著『園づくりのことば――保育をつなぐミドルリーダーの秘訣』丸善出版、2019年

より深い学びに向けて

書籍

各章の章末にある〈引用文献〉〈参考文献〉〈おすすめの書籍〉を参考にしてください。

情報サイト

●内閣府　子ども・子育て本部

子ども・子育て支援のための基本的な政策や、少子化に対処するための企画立案・総合調整、施策の大綱の作成・推進、子ども・子育て支援法に基づく事務、認定こども園に関する制度に関することを所管する国の特別の機関。最新の施策の動向を知ることができると同時に、ここにある少子化社会対策白書（平成16年版〜）から、子ども・子育てをめぐる現状や背景を詳しくみることができる。

https://www8.cao.go.jp/shoushi/

●内閣府　子供の貧困対策

内閣府の共生社会政策の一分野である子どもの貧困対策について、法律や政令、子どもの貧困対策会議、地方公共団体における取組み、調査・研究、イベント、ネットワーク等の情報が掲載されている。

https://www8.cao.go.jp/kodomonohinkon/

●厚生労働省　子ども・子育て

健康・医療、福祉・介護、雇用・労働、年金等に並ぶ、分野別政策一覧の1つ。「子ども・子育て支援」と「職場における子育て支援」に分かれており、前者では、次世代育成支援対策、子育て支援のほか、保育関係、児童虐待防止対策、社会的養護、母子家庭等関係、母子保健及び子どもの慢性的な疾病についての対策、障害児支援施策など、後者では、仕事と家庭の両立のための各種施策の情報が得られる。

https://www.mhlw.go.jp/stf/seisakunitsuite/bunya/kodomo/

●文部科学省　子ども・子育て支援新制度

子ども・子育て支援新制度の解説ならびに私立幼稚園の子ども・子育て支援新制度への移行に関する情報が掲載されている。内閣府のサイトとリンクしている。

https://www.mext.go.jp/a_menu/shotou/youchien/1352254.htm

●認定 NPO 法人児童虐待防止全国ネットワーク

2005（平成17）年に児童虐待防止を目指して始まったオレンジリボン運動の総合窓口を担っている児童虐待防止全国ネットワークでは、そうした広報・啓発活動のほかに、調査・研究、法制度改正への提言などを行っている。
http://www.orangeribbon.jp/

●日本子ども子育て支援センター連絡協議会（日本子ども子育てネット）

子どもの育ちと子育て家庭を支える最前線の人々を支えるため、研修、研究、情報の交換の場として、研修会や全国セミナー等を開催するとともに、政府や行政に対する施策の提案などを目指して活動している。
https://www.kokonet.org/

●NPO法人子育てひろば全国連絡協議会

「子育てひろば」の運営に取り組んでいる団体・個人の全国的なネットワークであり、各種セミナー・講座・研修、広報活動や情報提供、調査・研究や書籍販売などを行っている。
https://kosodatehiroba.com/

受講の記録

氏　名　　　　　　所　属

受講年月日　　年　　月　　日 ～　　年　　月　　日

研修会名

◎受講した内容にチェックを入れましょう。

- □ 保護者支援・子育て支援の意義
- □ 保護者に対する相談援助
- □ 地域における子育て支援
- □ 虐待予防
- □ 関係機関との連携、地域資源の活用

今後、ミドルリーダーとして保育所で活かしたいこと（園内研修で取り上げてみたいことなど）

監修・編集・執筆者一覧

監修

秋田喜代美（あきた きよみ）

東京大学大学院教育学研究科長・教育学部長

馬場耕一郎（ばば こういちろう）

社会福祉法人友愛福祉会理事長・元厚生労働省保育指導専門官

編集

矢萩恭子（やはぎ やすこ）

和洋女子大学教授

執筆者（執筆順）

亀﨑美沙子（かめざき みさこ）……第1章

十文字学園女子大学准教授

鶴 宏史（つる ひろふみ）……第2章

武庫川女子大学准教授

西 智子（にし ともこ）……第3章

日本女子大学特任教授

佐藤まゆみ（さとう まゆみ）……第4章

淑徳大学短期大学部准教授

矢萩恭子（やはぎ やすこ）……第5章

（前掲）

保育士等キャリアアップ研修テキスト6

保護者支援・子育て支援 第2版

2018年 6 月15日 初　版　発　行
2020年 3 月15日 第　2　版 発 行
2024年 4 月20日 第2版第4刷発行

監　修——秋田喜代美・馬場耕一郎
編　集——矢萩恭子
発行者——荘村明彦
発行所——中央法規出版株式会社
〒110-0016 東京都台東区台東3-29-1 中央法規ビル
Tel 03(6387)3196
https://www.chuohoki.co.jp/

印刷・製本——株式会社太洋社
装幀・本文デザイン——株式会社ジャパンマテリアル
カバーイラスト——株式会社レバーン　味藤　渚

定価はカバーに表示してあります。
ISBN978-4-8058-8111-8

本書の内容に関するご質問については、下記URLから「お問い合わせフォーム」にご入力いただきますようお願いいたします。
https://www.chuohoki.co.jp/contact/